大数据时代的智慧物流及管理

戴军 著

延边大学出版社

图书在版编目（CIP）数据

大数据时代的智慧物流及管理 / 戴军著. -- 延吉 ：
延边大学出版社，2022.7
ISBN 978-7-230-03233-9

Ⅰ. ①大… Ⅱ. ①戴… Ⅲ. ①智能技术－应用－物流
管理 Ⅳ. ①F252.1-39

中国版本图书馆CIP数据核字(2022)第136769号

大数据时代的智慧物流及管理

著　　者：戴　军
责任编辑：延光海
封面设计：李金艳
出版发行：延边大学出版社
社　　址：吉林省延吉市公园路977号　　　　邮　　编：133002
网　　址：http://www.ydcbs.com　　　　E-mail：ydcbs@ydcbs.com
电　　话：0433-2732435　　　　　　　　传　　真：0433-2732434
印　　刷：天津市天玺印务有限公司
开　　本：710×1000　1/16
印　　张：13
字　　数：200 千字
版　　次：2022 年 7 月 第 1 版
印　　次：2024 年 6 月 第 2 次印刷
书　　号：ISBN 978-7-230-03233-9

定价：68.00元

前　　言

　　大数据是指无法在可承受的时间范围内用常规软件工具进行捕捉、管理和处理的数据集合。根据相关定义，可以认为大数据技术指的是所涉及的信息量规模巨大到无法通过目前主流软件技术及工具进行分析处理，无法在合理时间内达到撷取、管理、处理，并整理成为帮助企业或数据用户实现经营决策目标的巨量信息技术。大数据技术的战略意义不在于掌握庞大的数据信息，而在于对这些含有意义的数据进行专业化处理。换言之，如果把大数据比作一种产业，那么这种产业实现盈利的关键，在于提高对数据的"加工能力"，通过"加工"实现数据的"增值"。大数据的基本思想是由分析随机样本转变为分析全体数据、由追求数据精确性转变为接受数据混杂性、由注重因果关系转变为关注相关关系。大数据的核心技术主要包括大数据捕捉技术、大数据存储管理技术、大数据处理技术、大数据预测分析技术、大数据可视化技术等。

　　智慧物流是以物联网、云计算、大数据为技术支撑，以物流产业自动化基础设施、智能化业务运营、信息系统辅助决策和关键配套资源为基础，通过物流各环节、各企业的信息系统无缝集成，实现物流全过程链可自动感知识别、可跟踪溯源、可实时应对、可智能优化决策的物流业务形态。

　　大数据技术使得物流行业及物流企业认识物流系统及其业务运营的思想及方法发生了较大变革。由于各类数据贯穿在整个物流过程中，是物流运营过程智能化的重要组成部分。应用现有的及将来出现的大数据分析方法与软件技术，对物流产业大数据进行智能化、决策化的分析管理与控制，有利于实时掌控大数据的决策与分析能力，提高物流产业运营效率与管控能力。

本书研究了大数据技术在智慧物流领域的应用，有助于推进物流产业的持续健康发展，为我国物流行业实现智慧化、数据化奠定基础。

在撰写本书的过程中，笔者借鉴了许多前辈的研究成果，在此表示衷心的感谢。本书的研究还存在一定的不足之处，恳请各位专家、学者提出宝贵意见和建议。

戴军

2022年6月

目　　录

第一章　智慧物流概述

第一节　智慧物流的起源
与概念界定

随着物联网、互联网、通信网等技术的发展，尤其是大数据和云计算技术的广泛应用，传统物流业开始向现代物流业转型，智慧物流应运而生。

一、智慧物流的起源

智慧物流的产生是物流业发展的必然结果。智慧物流理念的出现顺应了历史潮流，符合现代物流业发展的自动化、网络化、可视化、实时化跟踪和智能监控的发展新趋势，也符合物联网、大数据、互联网和云计算等发展的趋势。智慧物流是在物联网、大数据、互联网和云计算等的发展背景上，满足物流业自身发展的内在要求而产生的物流智慧化结果。智慧物流本身的形成跟现代物流的发展有着密不可分的关系。从现代物流的发展角度上看，智慧物流的起源可概括为如下五个阶段：粗放型物流—系统化物流—电子化物流—智能物流—智慧物流。粗放型物流属于现代物流的雏形阶段，系统化物流是现代物流的初级发展阶段，电子化物流是现代物流的成熟阶段，而现代物流的未来发展趋势是由智能物流向智慧物流发展。

（一）粗放型物流

第二次世界大战后，世界经济迅速复苏，以美国为代表的发达资本主义国家进入了经济发展的黄金时期。以制造业为核心的经济发展模式给西方发达资本主义国家带来大量的财富，刺激消费大规模增长，大量生产、大量消费成为这个时代的标志。随着大量产品进入市场，大型百货商店和超级市场如雨后春笋一般出现。在大规模生产和消费的初始阶段，由于经济的快速增长，市场需求旺盛，企业的重心放在生产上，对流通领域中的物流关注度不高，普遍认为产量最大化也会使利润最大化，因此造成大量库存。

粗放型物流时期的特点是专业型的物流企业很少，大部分企业都是自成体系，没有行业协作和大物流的意识。而企业一味地扩张生产很快出现了弊端，迫使企业不得不放弃原来的经营模式，进一步降低成本。

（二）系统化物流

从20世纪70年代末到80年代初，世界经济出现国际化趋势，物流行业也逐渐从分散、粗放式的管理阶段进入到系统管理的阶段。系统化物流得益于企业对物流行业重要性的认识，以及新技术和新模式的出现。这一时期，企业已经把物流作为一门综合性的科学来看待，同时企业的经营决策和发展战略也开始注重物流的成本和效益。这一时期的物流行业关注削减库存以降低运营成本，并引入物流总成本的概念。新型物流技术的应用也迎合这股潮流，如实时生产系统和集装箱运输等。另外，新兴物流业务的出现也丰富了物流行业的服务模式。这些新兴的思想、技术、服务成为物流行业变革的契机和动力。值得一提的是，尽管这个时候信息技术革命尚在襁褓之中，但计算机辅助管理、模拟仿真系统、线性规划技术等开始大量运用到物流系统中。

系统化物流时期的特点是新技术和新模式的出现，企业对物流的理解从简单分散的运输、保管、库存管理等具体功能，上升到从原料采购到产品销售整个过程的统一管理，并开始在物流成本和效益方面做文章。

（三）电子化物流

20世纪90年代中后期以来，计算机技术出现并大规模应用，以互联网在经济活动中的应用为主要表现形式的电子商务取得了快速的发展，在客户需求的拉动、技术进步的推动及物流产业自身发展需要的驱动等多方力量的作用下，现代物流业正迎来一个新的发展阶段——电子化物流时期。在这个时期里，信息技术开始为物流行业助力，并成为持续推动物流行业飞速发展的最关键动力，最为典型的两项信息化技术是20世纪70年代诞生的条码和80年代的EDI（电子数据交换）。特别是互联网的出现，基于EDI可以提供一套统一的标准进行数据交互和处理，减少了纸张票据特点，使得EDI的应用范围可以覆盖物流的各主要环节，如在线订货、库存管理、发送货管理、报关、支付等。

电子化物流时期的特点主要包括三点。第一，电子化物流需要借助互联网来开展业务运作；第二，电子化物流体系以满足客户对物流服务的需求为导向，让客户通过互联网参与物流运作过程，以更好地实现以客户为中心的物流服务发展目标；第三，电子化物流注重追求供应链整体的物流效果，供应链合作伙伴之间通过互联网建立起密切的业务联系，共同为提高供应链物流的效率和效益，以及降低物流运作的总体成本和时间占用而努力，强调共存共荣、互惠互利、同舟共济。

（四）智能物流

21世纪是智能化的世纪，随着智能技术的发展，物流也自然朝着智能化方向发展，特别是随着智能标签、无线射频识别技术、电子数据交换技术、全球定位系统、地理信息系统、智能交通系统等应用的日益成熟，也相应地出现一些智慧物流应用的雏形，包括智能仓储物流管理、智能冷链物流管理、智能集装箱运输管理、智能危险品物流管理、智能电子商务物流等，智能物流慢慢地被人们所了解。

智能物流时期的物流运营呈现精准化、智能化、协同化的特点。精准化物流要求成本最小化和零浪费；智能化是物流系统需要智能化地采集实时信息，并利用物联网进行系统处理，为最终用户提供优质的信息和咨询服务，为物流企业提供最佳策略支持；协同化是利用物联网平台协助，实现物流企业上下游之间的无缝连接。

（五）智慧物流

2009年，与智能物流极其相似的"智慧物流"这一概念出现。智慧物流是利用集成智能化技术，使物流系统能模仿人的智能，具有思维、感知、学习、推理判断和自行解决物流中的某些问题的能力，它包含了智能运输、智能仓储智能配送、智能包装、智能装卸及智能信息的获取、加工和处理等多项基本活动，为供方提供最大化的利润，为需方提供最佳的服务，同时也应消耗最少的自然资源和社会资源，最大限度地保护好生态环境，从而形成完备的智慧物流管理体系。在这之后，许多专家学者也提出了自己对智慧物流的见解。

智慧物流时期的特点是智能化、一体化、柔性化、社会化。智慧物流的时代已经到来并且还在继续。

二、智慧物流的概念界定

由于"智慧物流"这一概念还比较新，所以迄今为止学术界还没有完全取得共识，仍存在着理解上的差异：一种观点把"智慧物流"看成一个名词，认为它是一种确定的、高水平的物流形态；另一种观点把"智慧物流"看成"有智慧的物流"，其中的"智慧"作为形容词，仅仅是对某一项具体物流的形容或判断。

很多学者都在探讨物流的发展问题，提出了各种各样的看法，进行了多方面的探索，"智慧物流"便是人们对物流发展抱有的期望。现在，"智慧物流"已经成为经济和物流领域全新的、超前的物流理念，是创新的产业形态与运作形态。

李芏巍认为，智慧物流是将互联网与新一代信息技术应用于物流业中，实现物流的自动化、可视化、可控化、智能化、信息化、网络化，从而提高资源利用率的服务模式和提高生产力水平的创新形态。

王之泰认为，智慧物流是将互联网与新一代信息技术和现代管理应用于物流业，实现物流的自动化、可视化、可控化、智能化、信息化、网络化的创新形态。"智慧"的获得并不完全是技术方面的问题，应增加管理的内涵，要防止把技术问题绝对化。

汪鸣认为，智慧物流是指在物流业领域广泛应用信息化技术、物联网技术、智能技术、匹配的管理和服务技术的基础上，使物流业具有整体智能特征，服务对象之间具有紧密智能联系。

贺盛瑜从管理视角出发，认为智慧物流是物流企业通过运用现代信息技术，实现对货物流程的控制，从而降低成本、提高效益的管理活动。

王阳指出，智慧物流是把所有物流企业的物流信息汇总到一个平台上进行集中分析，对运输车辆进行科学排序，合理调度使用，从而减少空载率，降低物流成本，提高物流效益的管理活动。

笔者认为智慧物流是以"互联网＋"为核心，以物联网、云计算、大数据及"三网融合"（传感网、物联网与互联网）等为技术支撑，以物流产业自动化基础设施、智能化业务运营、信息系统辅助决策和关键配套资源为基础，通过物流各环节、各企业的信息系统无缝集成，实现物流全过程可自动感知识别、可跟踪溯源、可实时应对、可智能优化决策的物流业务形态。

第二节　智慧物流的主要特征与驱动因素

大数据等新技术在物流行业的应用不断创新，新模式不断涌现，为智慧物流的发展打下了坚实的基础，不仅推动了电子商务领域的发展，还极大地推动了物流领域的发展。

一、智慧物流的主要特征

智慧物流是将大数据、物联网、云计算等信息技术应用于物流的各个环节，使物流系统模仿人的思维，全程采集信息、分析信息并做出决策，自动解决物流过程中存在的障碍。

（一）智能化

在大数据、人工智能背景下，自动化技术不断创新。智能化串联物流全过程，涵盖可视化监控、图像分类、自动分拣、对象检测、目标跟踪、线路优化、数据预判、物流配送等功能。

（二）个性化

现代社会，消费者对独特、另类、个性特质的服务需求逐渐增加，即需要独具一格的增值服务。在生产服务领域，基于智慧物流理念，以用户大数据为核心，可明确用户个性化的需求，并为其提供针对性的服务。

（三）一体化

智慧物流的一体化特征是指随着技术应用、数据共享、信息互通的不断完善，企业之间分别又与用户之间融合，其基础是大数据的采集、处理、利用。智慧物流服务一体化系统地将分散的各个环节集合优化，减少运作能耗，提高企业效益和服务物流质量。

二、智慧物流的驱动因素

（一）"互联网＋"物流业的大力推进

大数据等现代技术将发挥无与伦比的力量，物流行业将以新的模式、新的面貌发展演变。2015年以来，各级政府先后出台了鼓励物流行业向智能化发展的政策，给物流行业发展带来丰富的想象空间，为智慧物流模式带来创新机遇。智慧物流应此潮流而生，发挥互联网平台实时、高效、精准的优势，有效提高物流行业的管理效率、降低成本、提高经营效益，实现运输工具和货物的实时在线化、可视化管理，激发市场主体创新活力。

物联网在物流智能化过程中充分发挥其优势，使物流产业沿正确的方向快速发展，重点发展了高效的现代化物流模式。深入推进共同配送试点，总结推广配送试点经验，培育一批具有整合资源功能的城市配送综合信息服务平台；运用北斗导航定位等技术，并与智能化物流网络深度融合，建设智能化物流体系。

（二）新商业模式涌现，对智慧物流提出要求

近年来，电子商务、新零售等各种新型商业模式快速发展，从需求单一化向差异化转变。电子商务快速发展，行业爆发式增长的业务量对物流行业的包裹处理效率、配送成本提出了更高要求。

随着电子商务的快速发展，由用户需求驱动生产制造，企业可以去除中间流通环节，为用户提供高品质、价格合理、个性的商品。在这种模式下，消费者诉求将直达制造商，对物流的及时响应与匹配能力提出了更高的要求。

新零售兴起，基于大数据、人工智能等先进技术，通过互联网使线上服务、线下体验深度融合。这种零售新模式，利用消费数据优化库存，利用高效网络智能解决物流需求。

（三）物流运作模式革新，增强智慧物流需求

在大数据时代，物流行业改变了原来的市场环境和流程，推动建立新模式和新业态，如车货匹配、众包运力等。信息化水平提升激发了多式联运的发展，新的运输运作模式正在形成，与之相适应的智慧物流快速增长。

车货匹配可分为两类：同城货运匹配、城际货运匹配。货主发布运输需求，

平台根据货物属性、距离等智能匹配平台注册运力，提供各类增值服务。对物流的数据处理、车辆状态与货物的精确匹配度能力要求极高。

运力众包主要服务于同城货运匹配市场，由平台整合各类闲散个人资源，为客户提供即时的同城配送服务。平台的智慧物流挑战包括如何管理运力资源，如何通过距离、配送价格、周边配送员数量等数据分析进行精确订单分配，以期望为消费者提供最优质的客户体验。

多式联运包括海运、公路、航空等多类型多式联运组织模式。在"一带一路"倡议落实过程中，多式联运迎来了加速发展的重要机遇。由于运输过程涉及多种运输工具，为实现全程可追溯和系统之间的贯通，信息化运作十分重要。同时，新型技术如无线射频、物联网等的应用大大提高了多式联运换装转运的自动化作业水平。

（四）仓内技术、无人机技术、智能数据底盘等智慧物流相关技术日趋成熟

仓内技术主要是机器人技术，主要应用于自动导引运输车、无人叉车、货架穿梭车、分拣机器人等，协助仓内搬运、上架、分拣操作，可有效提升仓内的操作效率，降低物本。

无人机技术主要应用于干线无人机与配送无人机两类，其中，配送无人机研发已较为成熟，主要应用于配送末端"最后一千米"的配送。例如，京东在2017年"6.18"期间，已采用无人机在多省市农村进行小件商品配送，配送完成1 000余单。

智能数据底盘技术通过对商流、物流等数据的收集、分析，主要应用于需求预测、仓储网络、路由优化、设备维修预警等方面。例如，京东采用数据预测方式，提前洞察消费者需求，并进行预先分仓备货。

第三节 智慧物流的功能体系
与核心技术

智慧物流集多种功能于一身，体现了现代经济运作特征需求，即强调信息流与物流快速、高效、通畅地运转，从而降低成本，提高效率。

一、智慧物流的功能体系

智慧物流从宏观、中观和微观的角度看，其功能体系包括三个层面，即智慧物流商物管控、智慧物流供应链运营管理和智慧物流业务管理。

（一）智慧物流商物管控

从智慧物流宏观层面分析，智慧物流商物管控包括物品品类管理、物流网络管控和流量流向管控。这里的"商物"主要包括商品、物品、产品、货物及物资等。物品品类管理，如农产品物流、工业品物流等的管理，是保障供需平衡的基础；物流网络管控中对物流网络的节点和通道的管控，是供需衔接的关键；流量流向管控是把握物流动态情况，以预测、规划、调整各类商物的供需。

（二）智慧物流供应链运营管理

从智慧物流中观层面分析，智慧物流供应链运营管理包括采购物流、生产物流、销售物流和客户管理。具体来说包括将技术和管理进行综合集成，从供应链上游的需求管理、生产计划、供应商管理和相应的采购作业、生产控制追踪和订单管理，再到下游的分销商、销售订单管理、库存控制及运输配送，直到终端客户的管理，通过对采购量、采购对象、采购渠道、流量流向、生产量、生产环节、生产周期、销售量、销售对象、销售渠道、客户类型及地域分布等相关数据采集和分析。智慧物流供应链运营管理将采购物流系统、生产物流系统与销售物流系统、客户管理系统智能融合，而网络的融合产生智慧生产与智慧供应链的融合，物流完全智慧地融入供应链运营管理之中，打破了工序、流程界限，提升了企业效益。

（三）智慧物流业务管理

从智慧物流微观层面分析，智慧物流业务管理包括智能运输、自动仓储、动态配送和信息控制。智能运输将先进的信息技术、数据通信技术、传感器技术、自动控制技术等综合运用于物流运输系统，实现了运输环节的运输计划、运输执行及运输结算这一系列过程的自动化管理、监控、信息采集和传输等；自动仓储运用自动分拣系统和信息技术，实现对入库环节物流信息的采集、入库流程的安排等，对库内货位信息、实时动态情况监管和定期盘点等，对出库环节备货、理货、交接和存档等进行自动化和智能化处理和即时信息采集传输等；动态配送是基于对即时获得的交通条件、用户数量及分布、用户需求等相关信息的采集、传输和分析，制订动态的配送方案；信息控制主要运用大数据等技术，通过对物流信息的全面感知、针对性采集、安全传输和智能控制实现物流信息控制，智能信息控制可进一步提高整个物流的反应速度和准确度。

二、智慧物流的核心技术

智慧物流以信息技术为支撑，在物流各个环节实现系统感知、全面分析、及时处理及自我调整。智慧物流所涉及的信息技术以物联网、云计算和大数据为核心，实现信息的捕捉、推送、处理、分析和预测，进而实现智慧物流的信息化、数字化、网络化、集成化和可视化。

（一）物联网技术

物流领域是物联网技术最重要的应用领域，物联网是"物物相连的互联网"，即通过各类传感装置及信息传感设备，按照约定的协议，根据需要进行信息交换和通信，以实现智能化识别、定位、跟踪、监控和管理的智能网络系统。

根据物联网的特征来划分，物联网主要有三大技术体系。

1.感知技术体系

感知技术体系主要有RFID（射频识别）技术、传感器技术、视频识别与监控技术、激光技术、红外技术、蓝牙技术等。

2.通信与网络技术体系

通信与网络技术体系使移动或存储中形态各异的"物"能够互联，最常采用的网络技术是局域网技术、无线局域网技术、互联网技术和无线通信技术。

3.智能技术体系

智能技术体系常采用的智能技术主要有ERP（企业资源计划）技术、自动控制技术等。

（二）云计算技术

云计算是分布式处理、并行处理和网格计算的发展，或者说是这些计算机科学概念的商业实现。云计算使计算分布在大量的分布式计算机上，而非本地计算机或远程服务器中，企业数据中心的运行将与互联网更为相似，这使得企业能够将资源切换到需要的应用上，根据需求访问计算机和存储系统。

将云计算应用到智慧物流中，能够加快和完善智慧物流信息服务平台的建设，进一步加快物流的信息化发展，同时云计算技术在物流中的应用实现了物流相关数据的数据捕捉、整理、存储、分析、处理和管理等。云计算关键技术主要包括虚拟化技术、分布式海量数据存储、海量数据管理技术、编程方式、云计算平台管理技术等。基于云计算平台，能够为物流企业提供业务服务、数据存储和基础服务等。

1.云计算平台业务服务

物流企业利用经过分析处理的感知数据，通过网络为其客户提供丰富的特定应用与服务，包括物流监控、智能检索、信息查询、信息码扫描，以及物品的运输、传递、扫描等。

2.云计算平台数据存储

利用云计算平台，提供物流企业所需要的具体数据，包括数据的海量存储、查询、分析，实现资源完全共享、资源自动部署、分配和动态调整。

3.云计算平台基础服务

依靠云计算平台，为物流企业提供各种互联网应用所需的服务器，这样物流企业便能在数据存储及网络资源利用方面具备优越性，同时能够减少物流企业的经营成本。此外，还可以在应用时实现动态资源调配，自动安装部署，提供给用户按需响应、按使用收费和高质量的基础设施服务。

（三）大数据技术

大数据是由数量巨大、结构复杂、类型众多的数据构成的数据集合，是基于云计算的数据处理与应用模式，通过数据的整合共享，交叉复用形成的智力资源和知识服务能力，并从各种类型的数据中快速获得有价值信息。大数据处理关键技术包括大数据采集技术、大数据预处理技术、大数据存储及管理技术、大数据分析及挖掘技术等。除了在物流领域的广泛应用，大数据技术还应用于能源、医疗、通信和零售等行业。

1.大数据采集技术

智慧物流系统复杂，数据繁多，数据的采集是大数据价值挖掘最重要的一环，其后的集成、分析、管理都是在采集的基础上构建的。大数据采集技术就是通过不断发展的数据收集方法及技术获取海量有价值的数据，包括普通文本、照片、视频、链接信息等。

2.大数据预处理技术

大数据预处理技术主要完成对已接收数据的辨析、抽取、清洗等操作。因获取的数据可能具有多种结构和类型，数据预处理可以帮助我们将这些复杂的数据转化为单一的或者便于处理的形式，以达到快速分析、处理的目的。获取的大数据中，并不全是有价值的，有些数据并不是我们所关心的内容，甚至一些数据是完全错误的干扰项，因此要对数据进行辨析、抽取、清洗，从而提取出有效的数据。

3.大数据存储及管理技术

大数据存储与管理要用存储器把采集到的数据存储起来，建立相应的数据库，并进行管理和调用。只有数据与适合的存储系统相匹配，制定出管理数据的战略，才能低成本、高可靠度、高效益地应对大数据带来的挑战。对于物流企业而言，面临大数据，首先解决的问题就是成本和时间效应问题。

4.大数据分析及挖掘技术

大数据分析涉及的技术方法有很多，根据挖掘任务可分为分类或预测模型发现、数据总结、聚类、关联规则发现、序列模式发现、依赖关系或依赖模型发现、异常和趋势发现等。大数据分析及挖掘就是从大量的、不完全的、模糊的、随机的实际应用数据中，提取隐含在其中的、人们事先不知道的，但又是潜在有用的信息和知识的过程。

第四节　智慧物流的发展现状
与发展趋势

随着信息技术不断发展和国家政策的推动，实现智慧物流，同时更好地提高资源利用率与经营管理水平成了中国发展现代物流的大方向。总的来说，我国很多先进的现代物流系统已经具备了信息化、数字化、网络化、集成化、智能化、柔性化、敏捷化、可视化、自动化等先进技术特征，并且我国已经拥有多家着手发展智慧物流的企业，各地政府在智慧物流发展方式上也开展了大量研究。但是与美国、日本等发达国家相比，我国的智慧物流发展尚处于初级阶段。由于基础设施不完善，管理技术水平仍有待提升，加上新兴技术应用不足、企业对智慧物流认知不够等因素的限制，智慧物流发展相对滞后，总体水平不高，产业总体规模不大。

一、智慧物流的发展现状

（一）国外智慧物流发展现状

近年来，随着物流信息化不断提高，美国、日本等发达国家现代物流朝着智慧物流不断发展，并取得了很好的效果。

1.美国

（1）智慧物流发展现状

美国经济高度发达，也是世界上最早发展物流业的国家之一。美国有着宽松有序的物流发展环境、良好的物流基础设施、较强的第三方物流企业、全球物流服务管理能力、先进的物流技术、职业素养良好的职工等。

美国物流企业的物流设备几乎都实现了高度的机械化和计算机化，同时美国物流业积极推动物流供应链的集约化、协同化发展。基于先进的信息化技术和运作管理水平，美国物流发展中利用多样的物流理论研究方法和大数据思想，紧密结合市场的实际需求和发展趋势，研究具体对象，同时物流发展环境的数据采集、数据存储、数据分析、数据应用渠道十分顺畅、系统。

作为物流强国，美国智慧物流代表性企业主要有沃尔玛、联邦快递等。

零售巨头沃尔玛采用的基于RFID的智慧物流系统，使其配送成本仅占销售额的2%，远低于同行业水平，同时利用专用卫星实现全球店铺的信息传送与运输车辆的定位及联络，同时在公司5 500辆运输卡车上装备卫星定位系统，每辆车位置、装载货物、目的地皆可实时查询，可合理安排运量和路程，最大限度地发挥运输潜力。

联邦快递将应用在美国国内运输货物的物流信息系统扩展到了所有国际运输货物上。这些物流信息系统包括署名追踪系统及比率运算系统等，其解决方案包括：设立自动仓库、推行指纹扫描、进行产品跟踪等。

2.日本

日本物流业几十年的发展过程，经历了开始的以生产为出发点，后来以市场营销为出发点，再后来从消费者的角度推进物流发展。在这个信息化时代，日本物流充分发挥第三方物流的作用，以现代物流技术为支撑，重视精细物流的发展，物流配送社会化程度高，物流信息系统发达。

日本物流企业发展智慧物流的主要措施包括：物流系统的信息化，如进出口报单无纸化、一条龙服务，物流电子数据交换技术；物流系统的标准化；软件技术和物流服务的高度融合，充分利用电子信息化手段来实现物流全过程的协调、管理和控制，实现从网络前端到最终客户端的所有中间服务的过程管理；通过实现企业之间、管理信息系统之间及资金流、物流和信息流之间的无缝连接，为供应链的上下游企业提供一种透明的可视性功能，帮助企业最大限度地控制和管理物流的全过程，实现物流低成本高效率的目标。

在日本，几乎所有的物流企业都充分利用当今最新的物流技术来开展物流服务业务。近年来日本大规模物流设施增幅明显，与传统设施只具有保管功能不同，其具备了高效率的分拣功能，能够实现快速配送。

3.法国

法国在物流产业上具有明显的特色，科技进步，尤其是IT技术的发展及相关产业的合并联盟，促进了物流业的快速发展。在过去的几年中，法国物流市场一直在增长，特别是第三方物流市场发展迅猛。随着国际物流的不断发展，其物流业也在重组，但是与美国和日本相比，整体的智慧物流业发展相对缓慢。

目前的智慧物流先进物流技术及应用，以法国代表性企业为例，主要实现的是有效的物流过程控制和信息传输。

佛吉亚是一家总部位于法国的独立零配件供应公司，通过对分散的供应商进行集成管理、优化，使公司物流管理费用在营业额中所占的比重下降到4.3%，大大提高了对市场的反应速度。

（二）国内智慧物流发展现状

1.智慧技术应用现状

我国的智慧物流技术已经进行了广泛的应用，并显现成效。但由于各种因素的影响，智慧物流领域的应用还有巨大的发展空间。

智慧技术应用主要包括物联网技术、大数据技术等。

（1）物联网技术应用现状

其一是感知技术应用状况。在物流信息化领域，我国应用最普遍的物联网感知技术为RFID技术，占38%；目前RFID技术在各大物流公司已经迈出了一大步；其次是GPS技术，占32%；视频与图像感知技术居第三位，占9%；传感器的感知技术居于第四位，不到4%；其他感知技术在物流领域也有应用，不足4%。根据对相关资料的统计分析，多项感知技术集成应用的情况也较多，如RFID技术与传感器技术结合、GPS技术与RFID技术结合、车载视频与GPS技术结合等。

其二是网络与通信技术应用状况。目前，物流公司面对大范围的物流作业时，由于货物分布在全国各地，并且货物在实时移动过程中，因此，物流的网络化信息管理往往借助于互联网系统与企业局域网相结合，但也有企业全部采用局域网技术。在物流中心，物流网络往往基于局域网技术，也采用无线局域网技术，组建物流信息网络系统。

其三是智能管理技术应用状况。根据对相关资料的统计分析，目前，物流信息系统能够实现对物流过程智能控制与管理的还不多。物流信息化还仅仅停留在对物品自动识别、自动感知、自动定位、过程追溯、在线追踪、在线调度等一般的应用，离数据挖掘、网络融合与信息共享优化、智能调度与线路自动化调整管理等智能管理技术应用还有很大差距。只是在企业物流系统中，部分物流系统可以做到与企业生产管理系统无缝结合，智能运作；部分全智能化和自动化的物流中心的物流信息系统，可以做到全自动化与智能化物流作业。

（2）大数据技术应用现状

大数据技术能够让物流企业做到有的放矢，甚至可以做到为每一个客户量身定制符合他们自身需求的服务，从而颠覆整个物流业的运作模式。但是大数据技术在国内智慧物流领域应用还处在起步阶段，有更广阔的发展空间。目前，大数据技术在物流企业中的应用主要包括以下几个方面。

首先是市场预测。依靠数据挖掘及分析，大数据技术能够帮助企业完全勾勒出其客户的行为和需求信息，通过真实而有效的数据反映市场的需求变化，从而对产品进入市场后的各个阶段做出预测，进而合理地控制物流企业的库存和安排运输方案，从提高服务质量。

以天猫为例，大数据技术的应用主要来自天猫与菜鸟的合作。在"双十一"期间，菜鸟根据历史数据，以及当年参与"双十一"活动的商家名单、备货量等信息进行了综合的数据分析预测。由于菜鸟早已提前掌握了大数据技术，用于指导商家、物流快递公司、消费者的物流信息联动，并运用物流数据雷达服务，为其提供详细的区域和网点预测，进而保证了物流配送效率。大数据技术能够更加客观地帮助电商平台和快递公司做决策，优化物流体系，能够最大限度地帮助快递公司分拨不"爆仓"，提升快递"最后一公里"的服务质量。

其次是物流中心的选址。物流中心选址问题要求物流企业在充分考虑到自身的经营特点、商品特点和交通状况等因素的基础上，使配送成本和固定成本等之和达到最小。大数据技术中的分类树方法可以解决这类问题。

再次是优化配送线路。配送线路的优化是一个典型的非线性规划问题，它一直影响着物流企业的配送效率和配送成本。物流企业运用大数据来分析商品的特性和规格，以及客户的需求等问题，从而用最快的速度对这些影响配送计划的因素做出反应，比如选择哪种运输方案、哪种运输线路等，制定最合理的配送线路。而且企业还可以通过配送过程中实时产生的数据，快速地分析配送路线的交通状况，对事故多发路段做出预警。精确分析配送整个过程的信息，使物流的配送管理智能化，提高了物流企业的信息化水平和可预见性。

最后是仓库储位优化。合理地安排商品储存位置对于仓库利用率和搬运分拣的效率有着极为重要的意义。对于商品数量多、出货频率快的物流中心，储位优化就意味着工作效率和效益。哪些货物放在一起可以提高分拣率，哪些货物适合存储的时间较短？大数据技术中的关联模式法能够分析商品数据间的相互关系，以便合理地安排仓库位置。

2.智慧物流公共信息平台建设现状

（1）总体现状

我国学者对现代物流公共信息平台的研究起步较晚，但是随着各级政府对现代物流公共信息平台建设的重视，以及物流行业发展对现代物流公共信息平台建设的要求，近几年在平台研究上取得了一系列成果。我国关于现代物流公共信息平台的研究多集中于平台功能、体系结构和技术应用方面，并简单研究了平台的层次级别和运营模式。但是有关研究多处于理论层面，缺乏成果转化的能力。对于具体的运营模式缺乏足够的关注和分析，不利于平台建设运营，影响了平台的运营效率和效益，不能体现出平台的支撑服务作用。因此，针对现有研究的不足，有必要在认识平台功能需求的基础上研究平台的运营模式，实现现代物流公共信息平台的可持续运营。

物流公共信息平台发展从功能设置上看，各地物流信息平台的功能设置呈多样化特征，但以电子商务和数据交换作为核心功能的平台居多，均占到平台总数的三成以上，各地物流市场对物流信息平台电子商务服务和数据交换服务的需求也最为集中；从服务对象上看，各地物流信息平台规划设计服务对象以物流企业为主，其中物流园区占比较高，但是平台的智慧性还是有很大提升空间的。

（2）代表企业发展现状。

为满足企业、用户不同物流信息化需求，代表性的物流信息服务平台各具特色，有致力于打造第四方物流，专为中小物流企业提供会员服务与管理服务的平台，如"物流汇"；有致力于打造既可以为用户提供"一站式"集成化的物流信息与交易服务、增值服务及云服务的智慧物流平台，如四川省物流公告信息平台；也有致力于为天猫、淘宝平台上的电商提供IT基础设施和数据云服务的电子商务平台，如"聚石塔"。

二、智慧物流的发展趋势

智慧物流是构成社会、城市、生活最基础的环节，其利用先进的物联网技术，对物流行业进行新一轮变革，推动整个物流行业颠覆创新，实现整个物流供应链向集约化、协同化、自动化、智能化发展，使智慧物流成为每个人和世界发生连接的重要方式，提高物流行业的服务水平。21世纪是一个物流全球化的时代，智慧物流正在由"新"到"兴"，制造业和服务业逐步一体化。在新的技术突破下，大量消费使物流规模日趋庞大和复杂，传统的、分散的物流活动正逐步拓展，智慧物流将有不一样的新发展趋势。

（一）信息数据社会化

物流信息化是现代物流的核心，智慧物流对物流信息系统提出了更多的需求。在遵守市场规则的条件下，智慧物流系统要依托互联网、人工智能、大数据、区块链等技术，与更多的设备、更多的系统互联互通，其社会化、平台化、第三方化的趋势已经显现。物流信息平台相互融合将成为智慧物流发展的突破点。公共物流信息平台是为物流企业、物流需求企业和相关方提供物流信息服务的公共商业性平台，同时保证数据的安全性和准确性，使整个智慧物流系统正常运转，其本质是为物流业相关服务提供信息化手段支持和数据交换保障。

（二）智慧物流绿色化

智慧物流成立的前提就是更高效、更低耗：一方面，国民经济从粗放型向集约型转变，推动绿色物流快速发展；另一方面，绿色型、循环型、低碳型物流转变是大势所趋，这也将倒逼仓储、运输及物流平台发生根本性变化。大数据应用的一个重要目的是减少社会损耗，以满足环保和绿色的要求。随着社会环保意识的提升，物流服务将发生从重量到重质的转变，绿色物流将是物流业发展的重要趋势，新能源物流车、无人配送车和无人驾驶货车将开始应用并得到推广。

（三）智能服务优质化

智慧物流从想象变为现实，通过大数据完成用户画像，基于用户需求的多元化使物流产业不断升级，促进智慧物流服务优质化、发展现代化，以不断优化营商环境满足用户全方位的服务需求；以新一代信息技术为手段，创新实现新型服务模式，以提供优质的产品和服务为标准，切实提高体验感受和获得感。

（四）物流产业协同化

在物流智能化时代，整个供应链向集约化、协同化、智能化方向发展。物流智能化可分为智能操作和智能连接，这是从应用场景来区分的。相互独立的系统执行应，用时相互配合，可以为进入智能操作和智能连接寻找机会。智能连接是指用智能系统完成大量设备的连接，包括边缘设备和数据中心的连接、边缘设备和边缘设备的连接、数据中心和数据中心的连接；智能操作是指用智能系统完成部分或全部操作。

（五）物流方案智能化

随着智慧物流技术的不断发展，具备完整核心开发和定制服务能力的智慧物流解决方案供应商，以及高端的、服务于第三方物流的专业智慧物流方案供应商将会越来越多，这也是物流企业向物流服务商转变的体现。向客户提供自动化与信息化的解决方案作为一种提高物资流通速度、节省仓储费用和资金在途费用的有效手段，通过芯片技术与柔性机器人系统、仓储系统、MES（制造执行系统）结合，并将信息与流程分析延伸至物流的各环节，使之成为采购服务的一部分。采用智慧物流方案服务供应商提供的智能化方案，将成为智慧物流领域的发展方向。

第二章 大数据推动智慧物流的转型升级

第一节 智慧物流迈入大数据时代

随着互联网、物联网技术的快速发展，物流行业逐步向智能化、自动化发展，借助大数据技术，物流效率将以指数级别提高。

一、大数据技术的意义和价值挖掘

（一）智慧物流与大数据结合的必要性

挖掘物流大数据中的信息价值，从宏观上可以降低社会物流的总成本，从微观上可以为企业带来利润。大数据技术的意义在于对已掌握的信息进行专业化处理和价值挖掘，并分析市场中长期发展趋势等。随着大数据技术在物流行业的应用逐渐深入，未来物流行业获取的数据不仅包括行业内部信息，还包括大量外部信息。通过对这些数据的分析，物流企业可以预测性地为客户量身定制个性化、差异化的服务。

大数据分析可以帮助物流企业了解行业发展动态。目前，物流企业面对的是高度竞争、瞬息万变的市场环境，许多运输空载问题就是由于物流企业没有用数据分析来对未来市场做出预判，只看到眼前的业务增长就盲目增加运力和仓储面积。当市场出现萎缩、业务量下滑的时候就会产生大批的剩余运力和空置仓库，从而导致物流企业的亏损。通过大数据分析，物流企业可以对未来市场和竞争对手的行为做出一定的预测，及时调整发展战略，避免盲目的资产投入，减少损失。

大数据分析可以帮助物流企业提高客户的忠诚度。对于物流企业来说，分析客户的行为习惯可以将市场推广投入、供应链投入和促销投入回报最大化。利用先进的统计方法，物流企业可以通过分析用户的历史记录来建立模型，预测用户未来的行为，进而设计有前瞻性的物流服务方案，从而提高与用户合作的默契程度以避免用户的流失。物流企业不仅可以通过大数据挖掘现有存量用户的价值，还可以通过数据分析更高效地获得新用户。在互联网背景下，营销将不受时间、地点的限制，也不再是信息单向传送。

大数据分析可以提高物流行业管理的透明度和服务质量。大数据分析通过物流信息交流开放与信息共享，使物流从业者、物流机构的绩效更透明，间接促进物流服务质量的提高。

大数据分析可以优化物流企业盈利方式。建立物流行业网络平台和社区，在平台和社区中会产生大量有价值的数据，基于这些宝贵的数据并汇总物流行业客户的消费记录，进行高级数据分析，最终提高物流需求方和物流服务提供方的决策能力。平台的用户数据分析都是实时进行更新的，以确保用户行为预测符合实际的用户需要。同时，动态地根据这些行为预测来设计一些市场策略，建立全国的客户数据库，提供准确、及时的物流信息咨询，能够大幅提高企业的知名度和盈利能力。

（二）智慧物流与大数据结合的可行性

智慧物流依托现代先进技术的发展，运用人工智能技术、自动化技术、网络信息技术、远程监控技术，提高了在物流过程中选择货物运输的最优路线、自动对货物进行跟踪记录、自动存储货物、自动分拣货物的水平，提高了物流效率，增加了物流利润，提高了管理人员的管理水平，促进了物流企业的快速发展。

智慧物流过程不仅包括企业内部生产过程中的全部物流过程，还包括企业与企业、企业与个人、个人与个人之间的全部物流过程，大数据技术的应用使数据经济的意义被充分挖掘出来，相较于传统物流模式，智慧物流模式摒弃了传统物流模式的散乱管理，更加高效、快速。

大数据技术的数据共享消除了物流企业的信息孤岛，可以通过大数据技术的数据探索实现趋势预测，通过大数据技术的算法优化实现库存预判和网络规划，通过大数据技术的分析技术实现行业方案设计。利用大数据进行销量预测，构建包括成本、时效、覆盖范围等多维度的运筹模型，对仓储、运输配送网络进行优化布局。利用大数据分析家电、服装等不同行业，以及仓配、快递、城配等不同环节的物流运作特点及规律，为物流企业提供完整的解决方案。大数据技术的应用为物流行业创新发展带来机遇，将对物流行业的高质量发展起到巨大的推动作用。

（三）大数据应用于智慧物流时面临的挑战

1.智慧物流技术来源的多样性和复杂性

物流数据主要来源于物联网设备、地理信息系统、社会化媒体、互联网设备、计算机及手机等，还包括大量企业内部经过第三方处理的数据。

2.智慧物流智能化程度参差不齐，数据沟通障碍多

现实情况是大部分中小物流企业仍然采用传统的物流模式，大型物流企业虽然初步形成了智慧物流模式，但在发展中仍然各自为战，不管是大型物流企业还是中小型物流企业，都只从自己企业的利润来考虑。这就导致各家企业对自己拥有的信息资源保密，没有实现信息资源共享，这不符合大数据时代的经营策略。在这种情况下，政府应出台相关政策法规支持智慧物流模式基础设施的建设，并投入一定的资金配合物流企业进行基础设施建设，以整合所有的资源实现信息资源共享。

3.智慧物流技术的核心是人才

能够胜任物流大数据应用业务能力的人才较少，智慧物流模式最核心的技术是智能化，而技术的核心是人才。智慧物流相关人才既要具有较强的技术能力，又要对物流行业管理有深刻的理解。人才保障是大数据技术应用于物流行业的重要一环，未来需要配套建立完善的人才培养供给机制。

（四）智慧物流迎来爆发机遇

在"互联网＋"的时代背景下，智慧物流迎来爆发机遇。智慧物流集多种服务功能于一体，体现了现代经济运作的特点，即强调信息流与物流快速、高效、通畅地运转，从而降低社会成本、提高生产效率。

随着物流业不断发展，智慧物流也从理念走向了实际应用。基于智慧物流理念建立的新一代大数据物流信息平台将云计算技术融入其中，将大量用网络连接的计算资源统一管理和调度，构成一个计算资源池，向用户按需提供服务，有效提升区域经济效益。大数据在物流行业的应用，打破低层次、低效率、高成本的运输局面，使物流行业逐渐演变成数字化水平极高的行业。大数据已经渗透到物流过程的各环节，未来大数据在物流行业的应用前景广阔。

二、大数据技术对发展智慧物流的必要性

（一）大数据技术是促进智慧物流发展的有效途径

在物流作业过程中会产生大量数据，对这些海量数据的挖掘和应用，既可为运输和配送等物流活动的有序衔接提供保证，又可精准预测投资机会、提前做好仓库储备，进而提高服务质量。例如，在"双十一"购物节前期，各大电子商务企业通过大数据分析进行销售预测，并提前做好货物的集散工作，使货物集聚在离消费者最近的仓库，从而缩短消费者的收货时间，这种快而准的到达效果与大数据技术的支持密不可分。在物流活动中，通过应用车辆追踪技术、卫星导航技术、自动识别与条形码技术等可以实现对货物的精准定位和准确识别。开发和利用大数据技术已经成为智慧物流发展的最有效途径。

（二）大数据技术可突破物流产业发展瓶颈

虽然物流行业发展迅速，但也存在物流成本居高不下、物流服务满意度低、顾客投诉较多等一系列问题。大数据技术是一个全新的突破口，利用大数据技术可以实现货物提前预测投放、实行精准配送，从而提高物流运作效率及仓库周转率，降低物流成本。此外，通过大数据技术还可以整合企业内部资源和社会剩余资源，不同物流企业之间不再是竞争关系，而是可以变成亲密无间的合作伙伴。

（三）大数据技术是智慧物流发展的核心竞争力

大数据技术的魅力在于数据分析，数据分析是数据处理流程的核心。大数据分析的目的是从目标相关的数据中提取尽可能多的信息。物流行业通过大数

据技术对企业的运营管理、市场营销、品牌管理、客户关系管理、服务创新等方面进行分析，进一步指导企业内部各项活动有计划地进行。对物流大数据进行处理与分析，挖掘其中对企业运营管理有价值的信息，科学合理地进行管理决策，可以为企业销售预测、网络规划、库存部署及行业洞察等提供依据，提升现代物流企业的核心竞争力。

三、大数据技术促使智慧物流迈入新阶段

目前，我国物流大数据产业正处于起步阶段，未来有望实现快速发展。物流大数据将所有货物流通数据、物流快递公司、供求双方有效结合，形成一个巨大的即时信息平台，信息平台不是简单地为企业客户的物流活动提供管理服务，而是通过对企业客户所处供应链或行业物流的整个系统进行详细分析，提出具有指导意义的物流解决方案。

物流大数据交易采用利益交换的模式，一方将信息管理权交给另一方，另一方将信息整合之后提供服务给一方。物流大数据交易以消费者、商家、物流企业的数据为依托，为商家、物流企业提供预警预测分析，帮助物流企业提前获取相关信息，从而可以提前对物流资源进行一定的配置和整合。

在企业应用方面，大数据在物流企业中的应用贯穿了整个物流企业的各个环节，主要表现在物流决策、物流企业行政管理、物流客户管理、物流智能预警等方面。

第二节　大数据对物流体系的
影响、推动与重构

大数据在物流各环节发挥的作用越来越明显。大数据可以对物流各环节的作业流程加以改进，并引导物流企业不断向智能化、精细化道路发展。

在物流服务方面，分析大数据环境下物流各环节存在的问题，针对这些问题提出有效的发展策略。在物流服务成本方面，将现有数据资源整合，依据空间地理信息统一协调数据，通过智能化处理优化改善物流各环节，使物流运输成本降低。

一、大数据对物流体系的影响

（一）大数据对物流行业市场预测的影响

在物流企业发展过程中，企业通常通过调查问卷的形式来了解消费者的喜好，但是这种方式往往具有延迟性，企业从了解客户的喜好到制定相应的策略需要很长一段时间，这使企业错过了最佳时机。在智慧物流行业中，大数据技术的应用很好地解决了这个问题，企业可以通过大数据的分析情况来实时安排最佳存货量、运输量，及时了解用户的喜好和需求，更好地抓住市场机遇。

（二）大数据对物流数据平台对接的影响

应用大数据技术，物流企业能够与金融平台、港口数据平台进行数据交换，通过大数据来简化企业需要的金融服务和商品货物进出口所要办理的流程，从而节省时间成本，提高物流工作效率；物流企业还可以借助大数据技术对接银行的结算业务、贷款业务、保险业务等，对企业进出口的报关业务、保税业务进行代办处理。

（三）大数据对物流信息可视化的影响

大数据物流相关信息可通过可视化系统输出，可以从多媒体展示、看板管理等方面帮助物流企业发展。其中，多媒体展示具体体现在通过控制表、进度表向企业展现有用的信息；在物流运输过程中融入计划提醒、语音报警和路线提醒来实现物流信息的可视化；在订单处理、货物分拣上车及货物舱内作业等过程中，可以通过GPS、GSM（全球移动通信系统）、GIS（地理信息系统）等进行影像播放处理，更直观、更完整地展现物流信息，提高物流配送效率，降低物流成本。看板管理具体体现在商品的订单信息处理、入库指令、分拣配送作业、运输作业及客户签收等一系列过程都可以通过看板完成；在大数据管理下，企业不同的职能部门可以通过看板将有效的信息反馈给不同的部门，客户也能通过看板了解物流的运输方向和时间。

（四）大数据对物流优化决策的影响

随着大数据在市场发展中应用的范围越来越广泛，人们对大数据的挖掘深度也越来越深入，数据分析预测的核心能力也会越来越强。对物流企业来说，物流配送路况数据的收集与分析可帮助物流企业实时监督配送路线情况，一旦出现问题，物流相关工作人员就能及时做出正确的选择。对于零售商来说，通过对智慧物流信息的收集，可实时掌握订单发出的地点、规模、运送路径，从而缓解物流节点的压力。大数据的使用提高了企业的配送效率和分拣效率，优化了仓储能力，可以更好地安排仓储空间。

（五）大数据对物流成本的影响

物流企业提供的物流服务来自货主企业的外包需求，货主企业在外包过程中的交易成本决定了货主外包物流活动的深度和广度。在大数据时代，云端数字平台的建设推动物流服务交易在线化、交易信息结构化，降低了货主企业和物流服务供应商的信息搜寻成本。随着移动装置的发展，货主和服务供应商可以随时谈判并实时交易。交易可以在虚拟空间直接对接，中间环节大大减少，搜寻和多方流转的成本降低，双方交易更加容易达成。更重要的是，通过对货主和物流服务提供商在线交易沟通业务数据的沉淀和挖掘，可以对货主和物流服务商的信用进行评估，减小信息不对称带来的风险。另外，大数据技术配合物联网技术实时追踪和监测物流活动状况，保证契约执行，降低了监督成本，减小了逆向选择风险。这一系列交易成本的节约有助于交易达成及建立长期合作关系，推动外包和社会分工向纵深发展。物流企业利用大数据开展物流运作的专业优势，进一步增强了自身的核心竞争力。

物流企业应用大数据分析方法和分析技术处理海量数据，可以有效进行信息整合，优化资源配置，促进企业内部和企业之间的合作，从而降低运作成本，提高客户服务水平，增加客户价值；可以获得基于大数据的管理技能，培养区别于竞争对手的优势，获得物流运作的成本优势，开发一系列增值服务；可以增强市场感知能力，及时洞察市场情况，改进服务；还可以建立监督和信誉机制，降低市场交易成本，从而促进长期合作关系的建立和改善，以专业的物流能力帮助客户获得成功。

未来，大数据应用在企业层面，需要重点关注以下几个方面：

①应用大数据技术提升企业内部及企业之间信息交流的质量和时效性；

②发展基于大数据的管理技能，挖掘具有洞察力的信息以指导企业决策；

③利用强大的数据挖掘和信息检索能力实时洞察市场走向，获得更加精细、客观的客户反馈；

④提高物流服务交易信息化水平，利用实时追踪技术监督市场行为，依靠沉淀的业务数据构建评价体系，降低市场交易成本。

二、大数据对物流体系的推动

信息技术的飞速发展，尤其是云计算、物联网技术的成熟，推动了以大数据应用为标志的智慧物流产业的兴起。智慧物流是物流业的发展目标，而大数据能够支撑智慧物流的发展。大数据对物流行业的变革，体现在对物流体系、物流环节、物流业务的智能化推动，但其中最重要的是思维转变。

（一）大数据改变了物流系统结构

智慧物流系统主要由感知层、网络层、大数据平台层和应用层组成。通过感知层设备采集数据，经由网络层传输数据至大数据平台层，大数据平台层的整合数据为应用层的智慧物流应用提供数据支持。

1.由上至下的组成结构的功能

智慧物流系统由上至下的主要组成结构及其功能如下。

应用层：信息处理、追踪监控、车辆调度、仓储与配送管理、路径规划、市场预测等。

大数据平台层：海量数据存储、人工智能判断、高性能计算、信息处理交换、智能分析挖掘。

网络层：无线通信网、无线传感网、自组织网络、宽带互联网等。

感知层：扫码终端、仓库、输送机、货架、托盘、集装箱、车辆、轮船、货机等。

大数据技术的应用对物流管理的改变是巨大的。在引入大数据之前，物流管理整体思维是线性的，大数据将物流上下游关系变革为上下层关系，变革了物流管理的科学体系。

2.大数据引领了物流运作新模式

大数据时代的到来，有效推动"大物流"体系的形成，实现物流行业的巨大变革。"大物流"是指企业的自有物流和第三方物流企业的配送信息与资源共享，以最大限度地利用各方面的资源，降低物流成本。菜鸟网络平台就是利用先进的物联网、云计算等各种技术，建立的开放、透明、共享的数据应用平台，从而为物流企业、电子商务企业、仓储企业、第三方物流服务商、供应链服务商等各类企业提供优质服务，支持物流行业在提供高附加值服务的同时，降低物流成本。菜鸟网络平台构建了大数据环境下"商流合一"的智能营销模式，实现了销售与物流云端一体化，有效解决了物流数据资源对电子商务发展的制约。在物流企业运营的各环节中，只有一小部分结构化数据是可以直接分析、利用的，绝大部分非结构化数据必须转化为结构化数据才能储存、分析。这就造成了并不是所有的数据都是准确、有效的，有很大一部分数据都是延迟、无效甚至是错误的。大数据技术通过对数据的筛选与处理，实现了数据的"物尽其用"。

（二）大数据促进物流技术发展

随着大数据时代的到来，我国物流行业得到了迅猛发展。在现代物流管理信息系统中，与大数据相关的各种信息技术也得到了广泛的应用。目前，一维条形码作为一种识别技术，在物流领域已经得到了长足发展和广泛应用。作为大数据时代的产物，二维条形码也在物流领域得到了广泛应用。由于二维条形码具有携带信息量大、可脱离后台数据库使用等优点，二维条形码可解决一维条形码信息密度小、占用面积大、没有数据库、使用受限等问题。随着现代社会智能手机的普及和，人们只需要通过智能手机扫描二维条形码，即可实现对货物的跟踪管理，甚至及时获取货物原产地、包装材料等信息。

（三）大数据提高了物流企业的运作水平

货物运输过程中，每个节点产生的数据都是海量的，过去传统的数据采集、分析处理方式已经不能满足物流企业对每个节点的信息需求，这就需要通过大数据把信息对接起来，将每个节点的数据收集并整合，通过数据中心分析、处理转化为有价值的信息，从而掌握物流企业的整体运作情况。

传统的根据市场调研和个人经验来进行决策，已经不能适应这个数据化的时代。通过对市场数据的收集、分析处理，物流企业可以了解具体的业务运作情况，能够清楚地判断哪些业务带来的利润率高、增长速度较快等，从而把主要精力放在真正能够给企业带来高额利润的业务上，避免无端浪费。同时，通过对数据的实时掌控，物流企业还可以随时对业务进行调整，确保每个业务都可以盈利，进而实现高效运营。

客户越来越重视物流服务的体验，希望物流企业能够提供最好的服务，甚至掌控物流业务运作过程中商品配送的所有信息。这就需要物流企业以数据中心为支撑，通过对数据的挖掘和分析，合理地应用相关分析成果，进一步巩固和客户之间的关系，增加客户的信赖，提高客户的黏性，避免客户流失。

（四）大数据支撑建立物流信息平台

能够支持或进行物流服务供需信息交互或交换的网站，均可以视为物流信息平台。当前，传统的物流信息平台已经不能满足物流行业发展的需求，需要建立由大数据支撑的物流信息平台，即大数据物流信息平台。

大数据物流信息平台是将多方参与者的海量物流数据信息收集整理形成信息资源，通过互联网交互传递以提供物流服务的平台。在大数据时代，社会上任何行业、组织及个人都不可能独善其身，或者是数据贡献者，或者是数据采集者，各参与者通过大数据物流信息平台实现资源合理分配、优势互补，最终实现1＋1＞2的协同效应。大数据物流信息平台包括物流公共服务平台、政府物流监管信息平台、电商物流平台、区域配送平台、行业物流平台、供应链物流平台、公路货运信息平台、物流金融服务平台、在线仓储平台等。

三、大数据对物流体系的重构

（一）重构思路

在整个物流模式运作过程中，伴随着物品流动，数据流通可以分为三个步骤。首先是数据流的产生与传输。近年来，物联网技术飞速发展，基于感知技术对物流要素的感知，基本实现物流运作过程中数据的可视化和可传输化。其次是数据流的存储与筛选。云存储将互联网汇聚形成的杂乱无序的大数据进行分布式存储，云计算对数据源进行初步分离与筛选。最后是数据流的整合与分析。大数据对数据源进行多重筛选，挖掘最有价值的数据信息，进而科学决策物流进程，合理预期物流进程相关数据。

基于大数据、云计算的智慧物流的核心功能是，对物流产业链资源进行整合，通过优化资源配置，促使供给端与需求端最大限度地契合，最终使整个物流模式低成本、高效率运作。

智慧物流体系涵盖了物流产业链中的每个单独个体，各单独个体的集合形成物流模式中的商业生态系统。智慧物流模式的商业生态系统包括三个子系统。

①供给子系统：由人力资源、物力资源、空间资源供给商构成，主要职能是碎片化资源整合与稀疏价值萃取。

②需求子系统：由供应链中的供应商、中间商、核心企业、经销商和消费者构成，主要职能是个体需求信息汇集和灵活性业务对接。

③监管子系统：由政府机构、税务机关等构成，主要职能是个体资质审核及责任机制的分配与追溯。

人力资源、物力资源和信息流数据在各子系统之间流动，各子系统之间相互联系、协同合作、彼此依赖，共同打造资源开放、个性化包容、精准对接、协调统一的物流运作平台，重构集公开、高效、便捷于一体的物流模式。

（二）重构要素

由三个子系统重构的智慧物流模式的最大化效用可以通过"一个中心、三条辅线"来实现。其中，"一个中心"指的是大数据处理中心；"三条辅线"指的是从供给、需求和监管三个方面对物流运作过程进行资源整合，实现物流商业系统个体之间的最优契合。

大数据处理中心的核心功能是对输入数据源进行分类整理，汇集每个个体产生的所有历史数据，通过数据估计算法进行约简、属性覆盖、关联关系挖掘、碎片化集聚和精准化演算等，对个体未来的选择做出合理预测，同时根据实时更新的物流数据结合人工智能技术不断给出最优决策。

1.大数据处理中心的核心功能

（1）智能决策

大数据处理中心能够很好地将物流运作过程中所需的人力、车辆、仓储资源最便捷、最适宜地在需求方与供给方之间进行匹配,极大地节约供需双方的匹配时间。另外,通过对所有目的地进行最优化求解,基于实时路况的同步监测,给出运输驾驶员最优行驶路线。

(2)销售预测

大数据处理中心可以根据每个消费者的历史消费记录(购买种类、消费次数、消费时间、购买商家等)形成的消费大数据,合理预期消费者在未来一段时间内的消费特征,提前对所需物品进行配置,有效防止货物积压,缩短运输时间,提高运输效率。

大数据处理中心通过对碎片化信息的收集、分析,准确预测物流行业的细微波动,对现有物流资源进行适当预分配,避免物流需求集中爆发的风险。

2.“三条辅线”的具体功能

(1)整合供给端

传统物流模式的供给端一般由物流企业构成,由于物流企业之间存在竞争关系,彼此的信息传递和资源贡献程度有限,因此容易造成信息孤岛现象。大数据对物流体系的重构目的之一就是整合物流产业链供给端的所有资源,使供给端真正实现资源共享、信息共享、数据共享,最大化和最优化地利用存量资源。供给端整合优势主要有以下四点。

①通过智慧物流平台实时更新供给方人力、物力、仓储等资源信息,并根据需求信息以资源利用最大化为目标分配供给资源,跨越企业之间的限制,实现资源共享。

②根据大数据计算的销售预测信息帮助供应链上下游企业按照需求变化,进行库存智能预测补货,实现销售与库存的协同,提高库存周转率,帮助企业最小化成本,提高空间资源利用率,从而提升供应链运作效率。

③通过大数据对商品的销售目的地进行统筹分析,精准化预测未来的销售

情况，同时根据商品的供应链信息合理预测该商品的辐射范围以确定最优仓储位置，实现物流运输路程最短化、物流运输效率最大化。

④利用大数据对不同区域、不同时间的车辆资源、装卸人员、配送人员需求状况进行分析，实现人力资源与物力资源的智能布局，协调供需两端，缩减运营成本。

（2）整合需求端

在传统物流模式中，产业上下游间存在严重的信息不对称现象，需求信息呈现分散化、局部化、多样化特征。在智慧物流模式下，通过整合企业、个人需求信息，统一调配供给端人力资源、物力资源，实现供给与需求的最优契合。

从数据共享方面来看，企业间通过共享供应链数据汇集成大数据系统。原材料供应商提供原材料的订购数量、订购时间、订购企业等数据；制造商提供产品的需求数据，辅助预测各行业的季节性需求、行业的未来发展趋势，验证预测数据的准确性；电子商务企业、零售商提供消费数据（消费者的基本信息数据和购买数据），帮助预测个体消费者未来的消费情况。通过汇总供应链上、中、下游企业及终端消费者的需求信息，对大数据进行同类、同质性需求整合，以最优路径配置物流资源。

（3）嵌入政府审查机制

在以供应商为起点、消费者为终点的物流产业链中，信用一直是一个不可回避的问题，以诚信为基础构建智慧物流模式必须将监管方纳入其中。政府作为具有公信力的权力机关，能够从公平、公正、公开的角度出发，净化物流环境，完善审查机制。为保证整个物流模式透明化，物流企业必须取得相关营业资格；各企业之间的交易数据在政府平台上具有可查性，杜绝欺诈与财务造假；企业之间可建立评价、反馈体系，以帮助各企业提升自身服务能力，营造诚信氛围，提供终端消费者维权的渠道。

在整个物流模式中，政府部门可实现监管全面化，通过智慧物流平台可实时审查任何一家企业的经营信息，对物流运转情况进行智能监管，及时反馈出现的各种问题，保证物流体系标准化、高效化运作。政府部门可根据长期物流规划或短期突发状况对物流体系进行宏观规划或暂时性调整，将政策信息和调整方案通过智慧物流平台传递到物流企业，保证调控的及时性与高效性。

（三）重构路径

智慧物流模式重构路径可通过三个主体平台（物流电子商务平台、电子物流平台、物流电子政务平台）和一个核心模块实现。

物流电子商务平台主要从需求端连接到智慧物流模式中，渗透到供应链的各环节，充分利用物联网技术，以原材料为起点，以消费者为终点，将整个供应链涉及的商流、物流、资金流、信息流汇集到物流电子商务平台，形成大数据系统的输入信息。

电子物流平台从供给端连接到智慧物流模式中，汇总物流活动中的仓储、人力资源、库存等实时静态信息并录入大数据系统，通过物联网技术对物流过程实施全程监控，并将动态信息实时传输到大数据系统中。

物流电子政务平台主要从政府监管角度出发，对智慧物流模式进行微观调节和宏观把控，将物流相关政策信息、各区域的物流条例信息，以及政府机构对物流系统的规划、调控和设计指示等信息，汇总录入大数据系统中，方便政府监管。

1.数据传输的快速性和可靠性

由通信层将三方信息平台提供的大量不规则数据信息传输到系统中。数据的传输方式包括以光纤光缆、金属导线为主的有线通信，以及以微波通信、卫星通信为主的无线通信，从而使数据传输具有快速性和可靠性。

2.对数据进行隔离以保证数据安全

（1）进行网络隔离

在通信层的外源网络和云计算的内源网络间设置防火墙，然后将内部网络分为若干子网络，以隔离有害攻击。

（2）进行数据隔离

利用节点加密、端点加密、链路加密等技术对数据进行加密处理，利用精确识别认证技术防止数据被非法提取。

3.实现数据存储

庞大的数据体量需要一定的硬件基础。通过大量的分布式计算机实现数据存储，然后利用云计算将复杂无序的混乱信息按照信息的重要性进行分类整理，并分析整合后的数据，剔除无用信息、保留有价值的信息。

大数据技术加强了物流运作管理过程中对物流信息的控制，避免在分散阶段产生的信息扭曲和延迟，以信息技术代替组织层次，通过管理过程优化取代物流功能提升，进而重构业务体系。

第三章　大数据时代
智慧物流的数据分类

第一节　商务管控数据

智慧物流网络是一个复杂的网络系统，商品在网络中流通，就产生了商物管控数据。商物管控数据主要包括商务数据、物流网络数据和流量流向数据三个方面。

一、商物数据

（一）智慧物流产品数据

产品是指提供给市场，被人们使用和消费的任何东西，是流通商品中最重要的一部分。按照产品生产的行业不同，将智慧物流产品数据分为农业产品数据、工业产品数据和其他产品数据。

1.农业产品数据

农业产品就是农产品，是指来源于农业的初级产品，即农业中生产的物品，如稻子、小麦、高粱、棉花、烟叶、甘蔗等。农业产品数据包括不同农业产品的流量流向数据、各地供需数据、运输网络数据等。

2.工业产品数据

工业产品是指企业生产活动所创造的、符合原定生产目的和用途的生产成果，是在工业中生产的产品，主要有重工业产品、轻工业产品、化学工业产品和其他工业产品等。工业产品数据包括不同工业产品的流量流向数据、各地供需数据、运输网络数据等。

3.其他产品数据

其他产品是指除农业产品和工业产品之外的产品，其中以服务业生产的产品为主，即服务产品。其他产品数据包括除农业和工业之外生产不同产品的流量流向数据、各地供需数据、运输网络数据等。

（二）智慧物流商品数据

智慧物流商品是指商品流通企业外购或委托加工完成、验收入库用于销售的各种产品。按照消费者的需求层次划分，可以将智慧物流商品数据分为基本生活品类数据、享受品类数据和发展品类数据等。

1.基本生活品类数据

基本生活品是指维持我们基本生活的商品，按消费者的衣、食、住、用划分，有食品类、服装鞋帽类、日用品类、家具和家用电器类、纺织品类、五金电料类、厨具类等商品。基本生活品类数据包括基本生活品的流量流向数据、各地供需数据、运输网络数据等。

2.享受品类数据

享受品是指消费者为了享受生活，提高生活质量而消费的商品，并不是生活必需品，一般价值较高，主要包括私人交通工具、化妆品、中高档生活用品等。享受品类数据包括享受品的流量流向数据、各地供需数据、运输网络数据等。

3.发展品类数据

发展品是指消费者为了未来发展而消费的商品，主要包括古董字画、贵重金属、稀有商品等。发展品类数据包括发展品的流量流向数据、各地供需数据、运输网络数据等。

（三）智慧物流货物数据

货物主要是指经由运输部门或仓储部门承运的产品。货物主要是按照货物属性的不同来分类的，智慧物流货物数据主要包括普通货物数据和特殊货物数据。

1.普通货物数据

普通货物对运输车辆和运输组织没有特殊要求，主要包括零担货物和整车货物等。在这类数据中，将普通货物作为一个整体，来梳理其流量流向数据、各地供需数据、运输网络数据等。

2.特殊货物数据

特殊货物是指对运输、装卸和保管有特殊要求的货物，主要包括长大笨重货物、危险货物、贵重货物和鲜活货物等。在这一类数据中，将以上四类特殊货物的流量流向数据、各地供需数据、运输网络数据等进行汇总和分析。

二、物流网络数据

在物流过程中，商品一直存在于物流网络中，物流网络数据的分析对智慧物流数据的分析有重要作用。按照物流网络的组成要素，可以将物流网络数据分为物流节点数据和网络数据。

（一）物流节点数据

智慧物流中的物流节点主要包括枢纽型节点、资源型节点、加工型节点和综合型节点，因此，在智慧物流中的物流节点数据也分为这四个方面。

1.枢纽型节点数据

枢纽型节点是在交通枢纽附近的物流节点，这类物流节点的运输流量较大。枢纽型节点数据主要包括各运输方式的货物运输量、各运输方式的货物周转量、节点的枢纽流量能力等数据。

2.资源型节点数据

资源型节点周围有大量的资源，因此，资源型节点数据除了包括货物运输量和货物周转量，还包括运输资源、设备资源、信息资源等数据。

3.加工型节点数据

加工型节点是指以加工作业为主要功能的物流节点，因此，加工型节点数据包括货物运输量、货物周转量、加工品品类、加工能力等数据。

4.综合型节点数据

综合型节点是集枢纽型、资源型和加工型为一身的物流节点，因此，综合型节点数据包括货物运输量、货物周转量、节点的枢纽流量能力、运输资源、设备资源、信息资源、加工品品类、加工能力等数据。

（二）网络数据

根据网络主体的不同，可以将智慧物流中的网络数据分为基础设施网络数据、能力网络数据、信息网络数据、组织网络数据。

1.基础设施网络数据

基础设施网络数据主要是指智慧物流网络中的基础设施的基本信息，包括各类别基础设施数量、各类别基础设施使用状态、各类别基础设施采集数据、各类别基础设施网络优化数据等。

2.能力网络数据

能力网络数据主要是指智慧物流网络所具备的所有能力的数据,包括各运输方式的运输能力数据、流通能力数据、仓储能力数据、配送能力数据和其他能力数据等。

3.信息网络数据

信息网络是智慧物流网络中电子信息传输的通道,信息网络数据包括信息技术数据、信息共享数据、信息系统数据、信息资源数据等。

4.组织网络数据

组织网络是指智慧物流网络中诸多要素按照一定方式相互联系起来的网络,组织网络数据包括网络层次数据、网络结构数据、组织管理数据、网络流程数据、组织安全性数据等。

三、流量流向数据

智慧物流网络与一般网络不同,在智慧物流网络中,货物是不断流通的,因此就产生了流量数据和流向数据。

(一)流量数据

流量数据主要是统计了智慧物流过程中和网络中在各环节的流量及相关的信息,主要包括流量分析数据、流量调控数据、流量分布数据、流量优化数据等。

1.流量分析数据

流量分析数据是指智慧物流网络中在各个节点流入与流出的数量,为调控和决策提供支持，主要包括各类货物在各个节点的流入量和流出量。

2.流量调控数据

流量调控数据是指根据流量分析数据，结合智慧物流网络的基础设施网络数据、能力网络数据、信息网络数据，同时按照实际情况，对流量进行人为调控而产生的数据。

3.流量分布数据

流量分布数据主要是指结合区域信息，将流量分析数据进行地域分布归类，进而产生的流量分布数据，如某一品类的货物在各省、市及其他地区的流量等。

4.流量优化数据

流量优化数据是指结合流量分析数据，利用优化方法、优化模型或其他优化手段，对采集到的流量数据进行优化而产生的数据。

（二）流向数据

流向数据主要描述了货物在智慧物流网络中的来源和去向，是分析智慧物流数据的重要基础数据。流向数据主要包括流向分析数据、流向调控数据、流向分布数据、流向优化数据。

1.流向分析数据

流向分析数据是指各品类货物在智慧物流网络中的各个节点流通的方向，描述的主要是货物的来源和去向。

2.流向调控数据

流向调控数据是指根据流向分析数据，结合智慧物流网络的物流网络数据，同时根据实际情况，对流向进行调整和控制而产生的数据。

3.流向分布数据

流向分布数据是指结合地域信息，将流向分析数据进行地域分布归类，进而产生的流向分布数据，如某一品类的货物在网络中的某一节点流向其他节点的数据。

4.流向优化数据

流向优化数据是指结合流向分析数据，利用优化方法、优化模型或其他优化手段，对采集到的流向数据进行优化而产生的数据。

第二节 供应链物流数据

按照智慧物流数据划分的中观层次，即供应链层次，将物流放在供应链中分析。根据供应链的不同环节，智慧物流供应链数据分为采购物流数据、生产物流数据、销售物流数据和客户数据。

一、采购物流数据

采购物流数据是指包括原材料等一切生产物资在采购、进货运输、仓储、库存管理、用料管理和供应管理过程中产生的数据。按照智慧物流采购物流的流程，智慧物流采购物流数据主要包括供应商基本数据、采购计划数据、原料运输数据、原料仓储数据等。

（一）供应商基本数据

供应商基本数据是指供应商企业提供的基础数据。主要包括所供应商品的基本信息，如商品属性、商品特点等信息，同时还有供应商的基本信息，如企业规模、企业信用度和市场占有率等数据。

（二）采购计划数据

采购计划数据是指采购部门根据销售计划和生产计划制定的原材料或者零部件的采购计划。主要包括采购商品种类、采购商品用途、采购商品数量、商品基本要求、采购周期等数据。

（三）原料运输数据

原料运输数据是指在采购物流中原料运输产生的数据。主要包括原料运输路线、原料运输量、原料运输时间、原料运输调度、原料运输人员等数据。

（四）原料仓储数据

原料仓储数据是指采购物资的库存数据。主要包括原料库存计划、原料出库数据、原料入库数据、原料盘点数据、原料调拨数据等信息。

二、生产物流数据

生产物流数据是生产工艺中的物流活动产生的数据，按照生产物流的流程和数据需求，将生产物流数据分为生产计划数据、生产监管数据、生产流程数据、ERP数据。

（一）生产计划数据

生产计划是关于企业生产运作系统总体方面的计划，是企业在计划期应达到的产品品种、质量、产量和产值等生产任务的计划和对产品生产进度的安排。生产计划数据主要包括主生产计划和次生产计划等。

（二）生产监管数据

生产监管是指对企业生产活动进行监督和管理，在这个过程中，会产生大量的数据，主要包括生产原材料数据、生产产品数据、生产人员数据、生产设备数据、生产安全数据等。

（三）生产流程数据

生产流程数据是指生产物流的流程数据，一般生产物流流程为原材料、零部件、燃料等辅助材料从企业仓库或企业的"门口"开始，进入到生产线开始端，再进一步随生产加工过程各个环节运动，在运动过程中，本身被加工，同时产生一些废料、余料，直到生产加工终结，再运动至成品仓库。这部分数据主要包括原料储存数据、生产数据、加工数据、包装数据、成品储存数据等。

（四）ERP数据

ERP是一种企业管理系统，其中包括企业的所有数据。ERP数据简单分成两大类：静态数据（主数据）和动态数据（业务数据）。其中静态数据包括会计科目（总账科目、供应商、客户、固定资产等）、物料主数据、项目、人员编号等，动态数据包括科目余额、物料数量、订单、会计凭证等。

三、销售物流数据

销售物流数据是指生产企业、流通企业出售商品时，物品在供方与需方之间流动过程中所产生的数据，主要包括物流数据、供需数据、订单数据、销售网络数据等。

（一）物流数据

这里的物流是指传统物流，即将货物销售到客户手中的商品流通行为。在这个过程中，包括物流的核心业务和辅助业务。物流数据包括运输数据、仓储数据、配送数据、包装数据、装卸搬运数据和流通加工数据等。

（二）供需数据

供需数据是指在销售过程中，供方和需方的基础数据。主要是指企业的供应量和消费者的需求量，以及各级分销商的需求量和供应量等。

（三）订单数据

订单数据是指客户通过互联网或者其他渠道订购商品的单据数据。主要包括订购商品信息、订购数量、客户信息、配送信息、订货时间、订单信息等。

（四）销售网络数据

销售网络数据是指企业分销网点形成的销售网络数据。主要包括网点基本信息、销售网络范围、网点业务范围、网点货物信息等。

四、客户数据

供应链客户数据是指产品最终到达的客户所具有或产生的数据，主要包括客户基本数据、客户购买数据、客户喜好数据、客户需求数据。

（一）客户基本数据

客户基本数据是指购买商品的客户的基本数据，主要包括客户个人信息、客户地址、客户联系方式、客户其他信息等。

（二）客户购买数据

客户购买数据是指客户购买商品时产生的数据，主要包括购买商品信息、商品物流数据、历史交易数据、反馈数据等。

（三）客户喜好数据

客户喜好数据是指客户基本数据和客户购买数据，通过大数据分析，进而得到的每个客户的喜好数据，主要包括商品类型、商品价格、商品配送时间、商品数量等。

（四）客户需求数据

客户需求数据是指通过前面三项数据，进而得到总体的客户群的需求数据，主要包括商品类型、商品数量、地理位置、配送时间等。

第三节　业务数据

智慧物流业务是智慧物流的微观分类标准，物流业务是智慧物流的重要组成部分，通过研究每个物流业务，可以从微观的角度了解智慧物流的数据，从内部梳理智慧物流的数据。基于物流信息的分类方法，根据各业务过程中数据作用的不同，将智慧物流中纷繁复杂的业务数据进行进一步分类。

一、运输数据

运输业务作为智慧物流的核心业务，其进行过程中的数据较多，按照其作用的不同，分为运输基础数据、运输作业数据、运输协调控制数据和运输决策支持数据等四类。

（一）运输基础数据

运输基础数据是运输业务开始之前就存在的数据，是最初的信息源。一般来说，在运输作业进行前后，运输基础数据是保持不变的，其主要包括运输货物信息、运输企业信息、运输基本设施信息、运输人员基本信息等。

1.运输货物信息

在货物进行运输之前，需要了解货物的基本信息，包括重量、尺寸、大小、数量等数据，同时还需要得到货物的特殊信息，例如是否是特大货物、是否是危险货物或者特殊货物等。

2.运输企业信息

运输企业信息是指运输企业的基本信息，以匹配合适的货物，主要包括各企业能够运输的货物类型、能够运输的距离，以及企业的规模、车辆数量和人员数量等，同时还包括各运输企业的业务记录等信息。

3.运输基本设施信息

运输基本设施信息是指各企业的运输车辆等设施或者车主的运输车辆的基本信息，主要包括运输车辆信息、运输设备信息、道路设施信息、运输历史记录等。

4.运输人员基本信息

运输人员主要是指车辆的司机，有时在运输过程中除了司机还需要其他人员，这些人员的信息也在这个范围内。司机的基本信息主要包括司机的驾驶年龄、违章记录、身体健康情况、历史作业信息等，而其他人员信息主要包括身体健康情况、历史作业信息及技术能力等。

（二）运输作业数据

运输作业数据是指在智慧物流仓储过程中产生的数据。该数据与运输基础信息不同，具有波动性大、动态性强等特点，只有发生运输作业才会产生运输作业数据，可以通过物联网技术对这类数据进行采集。运输作业数据主要包括运输车辆状态信息、运输货物状态信息、运输单据信息、运输环境信息等。

1.运输车辆状态信息

运输车辆状态信息是指货物在运输过程中，利用物联网技术或者其他技术采集的运输车辆的实时信息，主要包括车辆位置信息、车辆安全信息等。对于特殊货物来说，还应该包括能使货物完好的特殊信息，例如车辆内部温度、湿度等方面的信息。

2.运输货物状态信息

运输货物状态信息是指货物在运输过程中的实时信息。在运输车辆出发后,每个特定的时间都要检测货物的实时状态信息,主要包括货物的安全信息、货物的地理位置等。

3.运输单证信息

运输单证通常是指表示运输中的货物或证明货物已经付运的单据。运输单证中反映了运输双方的信息、运输工具的信息、运输地点、单据号码、货物信息及运输费用等相关信息,主要包括单证基本信息、运输双方信息、运输费用信息和运输车辆信息等。

运输单据根据运输方式的不同而不同,包括海洋运输使用的提单、铁路运输使用的铁路运单、航空运输使用的航空运单、邮包运输使用的邮包收据、多式联合运输使用的联合运输提单或联合运输单据。

4.运输环境信息

运输环境是指货物在运输过程中外界的环境。运输环境信息主要包括运输过程中的道路信息,如道路拥堵程度、道路设施安全信息,还包括自然环境的信息,如天气信息等。

5.运输起始及完成信息

运输起始及完成信息主要是指货物运输开始和完成时所产生的数据。起始信息包括运输起始地点、起始时间、货物起始状态、车辆起始状态等,完成信息包,括运输完成地点、完成时间、货物完成状态、车辆完成状态等。

(三)运输协调控制数据

运输协调控制数据主要指运输业务中,将基础数据和决策支持数据进行分析建模,从而得到的调度数据和计划数据。通过运输协调控制数据可以制定运输计划、运输调整方案及运输应急预案。

1.运输计划

运输计划是指了解货物运输需要的基本信息之后，做出的全面的运输全过程的计划，主要包括运输路线、运输方式、运输人员、运输时间等方面的内容，按照编制期限可分为长期计划、年度计划和月度计划。

2.运输调整方案

运输调整方案是指货物在运输的过程中，系统采集的货物、运输车辆或运输路线等道路信息与之前的信息出现较大出入，而对运输计划进行调整的方案。运输调整方案包括运输线路调整、运输车辆调整、运输方式调整等。

3.运输应急预案

在运输过程中，不可避免地会发生一些意外事件，因此会出现运输应急预案，以及时应对突发事件。运输应急预案主要包括重大事故应急预案、突发事故应急预案、灾害应急预案等。

（四）运输决策支持数据

运输决策支持数据主要是指能对运输计划、调度方案和应急预案产生影响的统计信息或宏观信息，这类信息是智慧物流自动化、智能化的重要依据。该类信息并不是运输作业的内部数据，而是与运输作业相关的外部数据，主要包括运输技术信息、运输政策法规、运输行业信息、运输知识及专家经验等方面的数据。

1.运输技术信息

运输技术按照运输方式不同，可以分为海洋运输技术、内河运输技术、公路运输技术、铁路运输技术、空中运输技术、管道运输技术、吊装技术及各运输机械驾驶技术；按照产生动力方式不同，可以分为核动力技术、石油动力技术、醇动力技术、电动力技术、风动力技术、潮汐能动力技术及各种新式能源动力技术。运输技术信息不仅包括以上的技术信息，还包括运输基础设施、运输信息技术等方面的信息。

2.运输政策法规

运输政策法规是制定运输调度和作业计划的基础，起指导作用。运输政策法规分为陆运法规、海运法规、空运法规、物流法规、海关公告、税收税务、国际公约和贸易法规等。

3.运输行业信息

运输行业信息是指在运输行业中产生的宏观性数据或重要的行业消息。主要包括运输行业重要资讯、运输行业分析报告、运输市场竞争报告、运输市场需求信息等。

4.运输知识及专家经验

运输知识是与运输相关的基本知识，专家经验则是运输行业的专家多年实践得到的宝贵数据，两者可以为运输计划制订或其他决策提供基本的知识和经验。在智慧物流中，运输知识和专家经验是系统自动提供方案的重要依据。

二、仓储数据

仓储业务是智慧物流业务中的静态业务，主要业务内容包括将产品及相关信息在进行分类、挑选、整理、包装加工等生产活动后，集中到相应场所或空间进行保存。在这个过程中会产生很多数据，如货物进行仓储之前的基础数据、仓储时产生的数据和其他外部数据等，根据这些数据作用的不同，可以分为仓储基础数据、仓储作业数据、仓储协调控制数据和仓储决策支持数据。

（一）仓储基础数据

仓储基础数据是货物或仓库等与仓储作业相关的主体在仓储活动之前就已经产生的数据。按照主体的不同，可以分为货物基础信息、仓库信息、货位基础信息、人员基础信息和仓储设备信息。

1.货物基础信息

这类信息和运输基础信息中的货物信息相似，但是这类货物是指要进行仓储作业的货物，而不是要进行运输作业的货物。货物基础信息主要包括货物的重量、尺寸、大小、数量等，同时还需要提供货物仓储所需要的信息，如货物的体积、储存条件等。

2.仓库信息

仓库信息是指各仓库的基本信息，如仓库的地理位置、仓库容量、仓库属性、是否能够储存特殊货物、仓库结构、仓库基本设施等。

3.货位基础信息

货位是指货物入库时分配的在仓库中的具体位置，货位基础信息主要提供还能储存货物的数量和属性，主要包括货物吞吐速度、货位数量、货位分布情况等。

4.人员基础信息

人员基础信息是仓储作业人员的个人信息，是体现该仓储作业能否顺利完成和完成质量的重要指标，主要包括人员技能、人员职务、人员历史工作记录、人员工作出错情况等数据。

5.仓储设备信息

仓储设备是仓储过程中所需的基础设备，主要包括装卸搬运设备、保管设备、计量设备、养护检验设备等。仓储设备信息主要是指这些设备的基础信息。

（二）仓储作业数据

仓储作业数据是指在货物进行仓储活动时产生的数据，根据仓储的作业流程，在进行不同操作时会产生相应的数据，因此，可将仓储作业数据分成入库信息、出库信息、盘点信息、仓储费用。

1.入库信息

入库信息是指货物在进行入库操作时所产生的数据，这类数据主要反映货物在入库时的状态，包括入库单号、仓库名称、货物名称、包装件数、入库数量、入库体积等信息。

2.出库信息

出库信息是指货物在进行出库操作时所产生的数据，和入库信息相对应。根据入库信息和出库信息，可以对比出货物在出库时和入库时的状态差异，主要包括出库单号、仓库名称、货物名称、包装件数、出库数量、出库体积等信息。

3.盘点信息

盘点是指定期或临时对库存商品的实际数量进行清查、清点的作业，即为了掌握货物的流动情况，将仓库现有物品的实际数量与保管账上记录的数量核对，以便准确地掌握库存数量。盘点信息主要包括货物在库数量、在库商品质量、保管条件、库存安全状况等信息。

4.仓储费用

仓储费用是指货物在进行仓储作业之后，所需要支付的仓储费用。一般仓储费用需要用仓库租赁费用、储存时间、货物储存面积等数据来计算。

（三）仓储协调控制数据

货物在进行仓储作业之前，需要对各种基础数据、外部数据进行统计、分析、计算，同时需要对货物在仓储过程中遇到的所有业务环节进行预测并提出应对计划和方案，主要包括仓储计划、货位分配计划和仓储应急方案。

1.仓储计划

仓储计划是指货物进行仓储作业之前，对于仓储模式、仓储设施、储存空间、信息管理系统等进行决策及设计。该计划要包括货物从入库、储存到最终出库的全过程，主要包括货物出入库计划、货物储存保管计划、货物维护保养计划、仓库劳动力安排计划等。

2.货位分配计划

货位分配是指在储存空间、储存设备、储存策略、储位编码等一系列前期工作准备就绪之后，用某种方法把货品分配到最佳的货位上。在智慧物流中，一般采用计算机自动分配的方式来进行，因此货位分配计划主要包括货位信息、货位分配结果等。

3.仓储应急预案

在仓储作业进行的过程中，有可能发生突发情况，如操作失误、设备故障甚至自然灾害。仓储应急预案就是提供在这些情况下的应对措施，主要包括事故应急预案、灾害应急预案、设备故障应急预案等。

（四）仓储决策支持数据

仓储决策支持数据是体现智慧物流仓储过程的数据，通常这些数据都是不在仓储数据中的。但是由于智慧物流能够自动、智能地提出仓储协调控制类数据，因此，这是智慧物流仓储业务与普通仓储业务最大的不同之处。仓储决策支持数据主要包括仓储技术、仓储政策法规、仓储行业信息、仓储知识及专家经验。

1.仓储技术

仓储技术是指仓储过程中需要用到的硬技术和软技术。硬技术是指设备、设施或工具等硬件，或需要用到这些硬件的技术，软技术是指进行仓储操作所需要的操作方法、计算方法、信息技术等。按照作用的不同，仓储技术可以分为仓储物资保管技术、仓库库存控制技术、仓储信息技术等。

2.仓储政策法规

仓储的政策法规一般按照政策法规的种类来分类，可以分为仓储相关法律、仓储相关法规、仓储相关政策等。

3.仓储行业信息

仓储行业信息作为仓储决策支持数据的一类，可以分为仓储行业重要资讯、仓储行业分析报告、仓储市场竞争报告等。

4.仓储知识及专家经验

仓储知识及专家经验的分类方法和运输知识及专家经验一样，可以分为仓储知识和仓储专家经验。

三、配送数据

配送是物流的最后一个环节，在智慧物流中，利用物联网等先进技术及时获得交通信息、用户需求等因素的变化情况，制订动态配送方案，完成高效率、高品质的配送。智慧物流配送数据就是在这个过程中产生的数据，可以分为配送基础数据、配送作业数据、配送协调控制数据和配送决策支持数据。

（一）配送基础数据

配送基础数据是指配送活动的基础数据，是在配送准备活动开始之前就产生的数据。根据数据的主体不同，可以分为配送货物信息、配送企业信息、配送车辆基本信息和配送人员信息。

1.配送货物信息

配送货物信息是指要进行配送业务的货物的基本信息，根据配送业务的特点，配送货物的基本信息包括货物的重量、尺寸、大小、数量，还包括货物的配送条件等。

2.配送企业信息

配送企业信息包括各企业能够配送的货物类型、能够配送的范围及企业的规模、车辆和人员的数量等，同时还包括各配送企业的业务记录等信息。

3.配送设备基本信息

配送设备基本信息主要包括配送车辆、分拣配货设备、配送中心等信息。

4.配送人员信息

配送人员信息主要包括配送人员的违规违章记录、身体健康情况、历史作业信息等信息。

5.配送道路信息

根据配送可能经过道路的基本信息，可以得到配送路径最短或者配送时间最短的配送线路。配送道路信息主要包括道路是否通畅、道路拥堵情况等信息。

（二）配送作业数据

配送作业数据是指在配送作业进行过程中产生的数据。通过分析配送业务流程，可以把配送作业数据分为订单信息、分拣信息、送货信息、送达信息。

1.订单信息

订单是收货人向货物的供应者发出的订货凭据，是配送过程的重要的凭据。订单信息主要包括订单号、下单时间、货物信息、配送地点、预约配送时间等内容。

2.分拣信息

分拣信息是指在配送过程中进行分拣操作时所产生的数据,配送分拣的方式通常有订单拣取、批量拣取、复合拣取三种方式。因此,一般将分拣信息分为订单拣取信息、批量拣取信息及复合拣取信息三类。

3.送货信息

送货信息是指配送业务在最主要的阶段,即货物出发到送达的过程中的信息,主要包括位置信息、安全信息等反映货物配送状态的信息。

4.送达信息

货物送达信息是指货物送到收货人手中的信息,主要包括送达时间、接货人、送达地点、客户反馈等信息。

(三) 配送协调控制数据

配送协调控制数据可以帮助物流企业在配送活动之前做出配送计划和应急预案,根据在配送实际过程中的数据采集,还可以对配送计划进行实时调整。在遇到紧急情况时,可以启动应急预案来应对突发状况。

1.配送计划

配送计划是指配送企业在一定时间内编制的生产计划。它是配送中心生产经营的首要职能和中心环节。配送计划的主要内容应包括配送的时间、车辆选择、货物装载、配送路线、配送顺序等。配送计划一般包括配送主计划、日配送计划和特殊配送计划。

2.配送应急预案

配送应急预案是指在配送过程中,突发事件发生时采取的应对措施,主要分为设备故障应急预案、事故应急预案、灾害应急预案等。

（四）配送决策支持数据

配送决策支持数据不是在配送过程产生的数据，而是由外部提供的数据，以便智慧物流系统可以制订最优的配送计划，并实时进行调整。配送决策支持数据主要包括配送技术、配送政策法规、配送行业信息、配送知识及专家经验。

1.配送技术

配送技术是指配送活动中所采取的各种技术，它是构成配送中心保障力的重要因素，是实现配送规模作业的手段和技术保证，是衡量配送中心现代化水平高低的重要标志。配送技术主要包括配送基础设施操作方法、配送中心管理技术、配送信息技术等。

2.配送政策法规

较运输和仓储而言，与配送业务相关的政策法规较少。因此，配送政策法规主要指物流业的相关政策法规。

3.配送行业信息

配送行业信息主要是指配送行业分析报告、配送市场竞争报告、配送市场需求及配送行业重要信息。

4.配送知识及专家经验

在智慧物流中，由于大部分操作都是系统自动进行，而配送又是物流过程中的最后一个环节，因此配送知识及专家经验的作用格外明显。

四、其他业务数据

在智慧物流中，除了运输、仓储和配送这三大核心业务之外，还有包装、流通加工和装卸搬运这三个辅助业务，根据不同的货物类型，这三个业务的重要性也不同。这三个业务只是对物流业务提供辅助支持，因此，将这三个业务归为其他业务类。在智慧物流其他业务数据类中，根据数据的作用不同，可将其分成其他业务基础数据、其他业务作业数据、其他业务协调控制数据和其他业务决策支持数据。

（一）其他业务基础数据

其他业务基础数据是三个辅助业务活动的基础。在这三个业务中，设备的作用尤为重要，因为越是细小的操作，越需要精细的设备。其他业务基础数据主要包括货物基本信息、企业基本信息、人员基本信息和设备基本信息。

1.货物基本信息

货物基本信息是指需要进行装卸搬运、包装、流通加工等操作的货物数据，主要包括货物的重量、尺寸、大小、数量等基本信息。

2.企业基本信息

企业基本信息是指提供以上三类业务的企业的基本信息，主要包括能够承担的业务类型、历史作业记录、企业的规模、设备和人员的数量等。

3.人员基本信息

人员基本信息是指进行业务操作的人员信息，主要包括人员的工作经验、操作失误记录、身体健康情况、历史作业信息等信息。

4.设备基本信息

设备基本信息是指能够进行业务操作的设备信息，如装卸搬运器械等，主要包括设备的类型、功能、应用范围及主要特色等信息。

（二）其他业务作业数据

其他业务作业数据是指在包装、流通加工、装卸搬运作业进行的过程中产生的数据，可以将其分为包装作业数据、流通加工作业数据和装卸搬运作业数据。

1.包装作业数据

包装作业是指在物流过程中，为了保护产品，方便储运，促进销售，在采用容器、材料和辅助物的过程中施加一定技术方法等的操作活动。包装作业数据是指在进行包装作业时产生的数据，主要包括包装前准备数据、包装数据、包装后整理数据等。

2.流通加工作业数据

流通加工是指商品在从生产者向消费者流通的过程中，为了增加附加价值，满足客户需求，促进销售而进行简单的组装、剪切、套裁、贴标签、刷标志、分类、检量、弯管、打孔等加工作业。流通加工作业数据是指在进行流通加工作业时产生的数据，主要包括流通数据、加工数据等。

3.装卸搬运作业数据

装卸是指物品在指定地点以人力或机械装入运输设备或卸下。搬运是指在同一场所内，以对物品进行水平移动为主的物流作业。二者结合称为装卸搬运。装卸搬运是物流活动中的辅助物流业务。装卸搬运作业数据是指在进行装卸搬运作业时产生的数据，主要包括装车数据、卸车数据、搬运数据等。

（三）其他业务协调控制数据

协调控制数据是基于基础数据，借助决策支持数据，进而制订的包装、流通加工、装卸搬运业务实施的计划和应急预案，来为物流活动提供依据，在智慧物流中，这部分数据是系统自动生成的，不需要借助人来操作。

1.业务实施计划

根据货物的不同性质，需要为货物制订不同的物流计划，根据业务的不同，可以分为装卸搬运计划、包装计划、流通加工计划。

2.业务应急预案

在智慧物流背景下，按照业务的不同，应急预案可以分为包装应急预案、流通加工应急预案和装卸搬运应急预案。

（四）其他业务决策支持数据

其他业务决策支持数据是指为包装、流通加工、装卸搬运业务提供决策支持的数据。可以分为其他业务技术、其他业务政策法规、其他业务行业信息和其他业务知识及专家经验。

1.其他业务技术

根据技术的分类，一般技术分为关于硬件的设备、设施、工具等，以及关于软件的操作方法、优化方法等。在这类数据中，一般将包装、流通加工、装卸搬运归为一大类。

2.其他业务政策法规

在政策法规方面，针对不同的业务，有不同的政策法规进行约束。因此，其他业务政策法规可分为包装政策法规、流通加工政策法规和装卸搬运政策法规等。

3.其他业务行业信息

在这类信息中，主要包括三个业务的行业重要咨询、行业分析报告、市场竞争报告、市场需求等信息。

4.其他业务知识及专家经验

其他业务知识及专家经验主要包括相应的业务知识和专家经验。

第四章　大数据时代
智慧物流的信息技术

第一节　信息捕捉技术

对于智慧物流而言，及时、准确地掌握货物在物流链中的相关信息是实现物流信息化的核心之一，能否实时、方便、准确地捕捉物流信息并且及时有效地进行信息传递，将直接影响整个物流系统的效率及物流信息化的发展。

一、信息捕捉技术的发展

传统物流信息捕捉主要是基于供应链角度的信息采集，主要包括条码技术、RFID技术、GPS技术、GIS技术等。

条码技术实现了物流信息的自动扫描，为供应链管理提供了有力的技术支持，方便了企业物流信息系统的管理。

RFID技术为物流全程感知奠定了基础，它的发展和应用是自动识别行业的一场技术革命，同时它在智慧物流领域中的运用也为物流行业的发展带来巨大变化。

智慧物流通过GPS、GIS技术，完成车辆调度与路线规划、车辆的路径导航、车辆的实时监控，并根据终端反馈的信息，对订单来源、客户分布规律等进行分析，挖掘潜在客户，对车辆的历史轨迹、行车里程、油耗等进行分析，为决策管理提供依据。将GPS与GIS相关技术引入智慧物流配送中来，充分发挥两者的位置信息优势和空间分析功能，可以建立一个完善的、高效的智慧物流配送系统。

二、信息捕捉技术的具体应用

大数据背景下的现代智慧物流信息捕捉技术，是基于物品商品类型、物流业务角度的信息捕捉技术，可对智慧物流中的商品数量分布、需求分布、商品来源等海量信息进行捕捉。

（一）企业营销数据捕捉

1.技术构成

企业营销数据主要来自企业内部，包括联机交易数据和联机分析数据等。传统的企业营销数据价值密度高，是历史的、静态的数据，但如今可利用先进的大数据技术完成对数据的实时捕捉。依托大型企业营销平台，通过对实时数据源的处理和存储，充分掌握并利用其商流、货流信息，对商品物品的交易数量、地域分布、销售额等信息进行捕捉，为可视化大数据条件下的智慧物流现状分析及未来趋势预测奠定基础。通过对企业营销数据源的实时数据进行计算、存储、查询等，形成商品类型、商品数量、客户分布、交易量、交易额等基于企业营销的数据产品。

2.应用模式

以阿里巴巴农产品物流为例，通过对阿里各平台上海量的农产品交易和服务数据的捕捉，以及对相关案例的挖掘与分析，实现了对阿里平台上的农产品交易额、农产品类目分布及增长率、农产品销售省区分布及增长变化、农产品单品销量排行等数据的整合与分析，最终建立了农产品销售网络。

（二）信息检索与Web搜索数据捕捉技术

1.技术构成

信息检索与Web搜索数据主要来自网络搜索引擎、社交网站等，是海量的、鲜活的，代表了一个个潜在客户的想法和意图。信息检索和Web搜索是广域的数据环境下数据捕捉的基础，通过利用网络自动索引、网络爬虫等技术，根据既定的抓取目标和搜索策略，有选择地访问互联网上的网页与相关的链接，最终获取所需要的信息。智慧物流环境下，随着社交网站的普及，以及各种传感网的建立，物流信息数据呈现更多的动态性，网络爬虫的范畴也逐步扩展到对数据流的监视、过滤等。

2.应用模式

大数据环境下，通过信息检索与Web搜索对智慧物流信息进行捕捉，对海量的互联网信息进行搜索和筛选。一般数据捕捉流程如下：从一个或若干个初始网页的URL（统一资源定位符）开始，获得初始网页上的URL，在抓取网页的过程中，不断从当前页面上抽取新的URL放入队列，直到满足系统的一定停止条件。

第二节　信息推送技术

智慧物流信息采集过程将实体"物"转化为信息和数据传输到网络环境中,再通过通信网络、无线或有线网络将感知信息传递至智慧物流应用平台中,通过信息传输技术,在智慧物流运行过程中,将信息传递至"人"并对信息进行相应的处理和应用,保证信息数据能够正确地在人与物或物与物之间进行传输,从而完成信息传输过程中的复杂交互。

一、信息推送技术的发展

传统物流信息推送主要通过移动通信网、互联网、无线传感网完成信息传输。

在智慧物流过程中,为了实现更加广泛的互联功能,将感知到的物流信息无障碍、高可靠性、高安全性地进行传输,就需要将移动通信技术、互联网技术与传感网相融合。经过十余年的快速发展,移动通信、互联网等技术已比较成熟,基本能够满足物流数据传输的需要。

无线传感网是一种由传感器节点构成的网络,能够实时地监测、感知和采集节点部署区内的各种信息(如光强、温度、湿度、有害气体等),并对这些信息进行处理,通过无线网络最终发送给网络终端。

智慧物流中,通过无线传感网,依靠多个传感网的节点来实现对不同物流信息的采集,以便在传感网中将有效的物流信息传递到外界,实现对物流环境、物品环境的监测与控制。

二、信息推送技术的具体应用

（一）基于供应链的智慧物流信息推送

基于供应链的智慧物流信息推送，即通过对物流信息的实时掌控与推送，使供应链业务更加高效、快捷。将基于拉式生产的准时制技术与理念应用于智慧物流中，可以从原材料采购、产品生产和销售各个环节，避免供应链的供应缺乏或供应过剩、生产与运输之间的不协调、库存居高不下等弊端。

1.技术构成

拉式生产是实现准时化生产的重要手段，也是实现零库存的重要手段。拉式生产能够使得市场外部的信息与企业内部的生产相结合，由市场的需求决定生产的流程和零部件的需求。准时制即应用拉式生产理念，从市场的需求出发，由市场的需求信息决定生产什么，生产多少。它覆盖了从产品设计到成品发送的一整套物流活动，每一个生产阶段，都必须消除一切浪费，不断提高生产率。

准时制是在日本丰田汽车公司生产方式的基础上发展起来的一种先进管理模式。通过采用拉式生产，使得生产系统中每道工序都能够做到在必要的时间生产必要数量的必要产品，从而消除了传统生产模式下，由于盲目生产而导致的过量库存。另外，由于在整个生产系统中，每道工序都把它的下道工序看作自己的客户，所以就会保证自己产品的品质，避免了由于产品不合格而导致的库存积压。随着它的不断完善，准时制现在不仅是一种组织生产的新方式，而且是一种旨在消除一切无效劳动与浪费，实现企业资源优化配置，全面提高企业经济效益的管理模式。

2.应用模式

为了对市场需求做出快速反应，准时制技术要求制造商与供应商、顾客等保持及时的信息共享和沟通，要建立快速、有效的信息交换系统，通过EDI等方式对生产计划、设计要求、交货时间、产品质量等进行实时监控，并对市场销售需求做出及时和快速的反应。

（二）基于工序关系的智慧物流信息推送技术

在互联网时代下，为了实现"以客户为中心"的要求，在准确分析供需关系和商品流量流向的条件下，有针对性地为用户选择符合其消费心理和习惯的商品信息。智慧物流信息推送实现了根据消费者购物习惯、消费倾向等，为消费者提供合适的商品信息。

1.技术构成

随着网络的广泛应用，信息推技术与信息拉技术的概念被提了出来。1994年，第一代真正基于互联网的搜索引擎诞生，标志着基于网络的信息拉取技术的出现。

信息推技术是网上主动信息服务系统所采用的基础技术。采用这种技术主动在网上搜索目标信息，在对获取的信息进行加工整理后，根据信息的不同特点向不同的用户主动推送信息。网络上信息的推送主要采用了频道式推送、邮件式推送、网页式推送、专用式推送、即时发送等几种方式。

信息拉技术是网上被动信息服务系统所采用的基础技术。在拉技术中，用户针对自己的需求有目的地进行信息查询，并搜索所需的信息，信息服务系统只是被动地接受查询，提供相关信息。信息拉技术在现实生活中的应用方式，主要表现为搜索引擎的使用。

智能信息推拉技术是将信息推技术和拉技术有机结合起来的产物，它能将推技术当中由信息生产者控制信息流向的优势和拉技术中由用户决定和控制信息的查询、获取的优势充分地利用起来，从而有效地避免了这两种技术的不足。智能信息推拉技术根据推拉方式的不同，可以分为以下几种。

①"先推后拉"式。先由信源推送最新信息，然后用户有针对性地拉取所需的信息。

②"先拉后推"式。用户先拉取所需信息，信源根据用户的兴趣，再有针对性地推送相关的其他信息。

③"推中有拉"式。信源在信息推送过程中，允许用户随时中断、定格在所感兴趣的网页上，并进一步搜索，主动拉取更丰富的信息。

④"拉中有推"式。在用户拉取信息的搜索过程中，根据用户输入的查询信息，信源主动推送相关信息和最新信息。

2.应用模式

在智慧物流背景下，以电子商务网站购物为例，实现商品信息推送过程的基本运作模式如下：首先用户注册并登录，在用户浏览网页时，服务器采集浏览信息，在用户购买商品后收集已购的商品信息，应用统计方法确定用户的消费倾向，再根据消费倾向选择最合适的商品信息，然后将商品信息及与此相关的其他信息推送至客户端，用户如果对推送来的商品信息感兴趣，就会点击查看，如果觉得满意就会购买，而这些行为又再次被送进数据库，如此循环。整个过程由用户登录开始，到用户注销为止。

第三节　信息处理技术

智慧物流信息处理技术主要包括智慧物流数据仓库技术、云计算平台技术和智慧物流信息实时处理技术等，保证了海量数据的存储和数据的实时处理，进而为智慧物流数据分析奠定基础。

一、智慧物流数据仓库

（一）技术构成

数据仓库技术主要是对数据进行集成化收集和处理，不断地对信息系统中的数据进行整理，为决策者提供决策支持。数据仓库技术主要解决数据的提取、集成及数据的性能优化等问题。

（二）应用模式

在物流管理数据仓库技术结构中，其底层是多个信息源，包括一般的数据库、平面文件等，内容为以文件方式提供企业在日常活动中收集的包括订单、存货单、应付账、交易条款、客户情况等在内的大量数据资料和报表，以及大量的外部信息等数据；在包装器与监视器模块中，包装器负责把物流信息从原信息源的数据格式转换成数据仓库系统使用的格式，而监视器则负责对本地信息源中需要提取的数据及其变化做自动探测，并把结果报告给集成器；集成器负责把物流信息安装到仓库中，其间还要进行过滤、汇总，或与其他数据源的信息合并，最后将新的物流信息正确地放到物流管理数据仓库中。在建立完成企业级的信息数据仓库之后，可以基于这个数据仓库平台进行数据挖掘工作。

二、智慧物流云计算平台

在市场竞争日益复杂、用户需求多样性的背景下，优化物流资源配置对企业发展的作用越来越凸显。但由于受限于资金短缺、技术水平弱、网络的技术能力不足等诸多因素，企业的物流平台的建设和发展受到制约，削弱了企业在国际市场上的竞争能力。以云计算技术为核心，可以打造一个低成本、高共享、智能型的现代智能化物流平台来满足现代物流管理需求。

（一）技术构成

云计算是一种基于网络的、可配置的共享计算资源池，是计算技术分布式处理、并行处理和网格计算技术的新发展。云计算是大数据分析处理技术的核心，也是大数据分析应用的基础平台。云计算的高共享性的资源池数据设计方案为现代全社会视角下智慧物流平台的建立奠定了技术基础，云计算商业模式的发展为智慧物流管理平台的建设提供了保证。

（二）应用模式

全社会智慧物流管理平台是一个基于互联网的、大众参与的计算模式，其计算资源（包括计算能力、存储能力、交互能力等）是动态、可伸缩、虚拟化的，并且以服务的方式提供。其网站汇集全社会物流资源和物流智慧，是为每个物流人所用的平台，是一种可视化的，集物资流通、商业流通、信息流通、资金流通于一身的智慧物流管理平台。它的本质就是为社会各方提供单个物流企业无法完成的资料收集、资源整合,提供一整套的流程化、标准化的数据交互和业务协同服务,实现信息流、商流、物流、资金流的协同合一。

在云计算智慧物流模式下,用户可将数据保存在互联网的数据中心,应用程序的运行依托互联网大规模服务器集群。云计算服务提供商负责数据管理和维护,保证数据的正常运作。智慧物流管理平台为用户提供足够大的存储空间和足够强的计算能力,对全社会物流数据资源进行统一调配,用户只需通过互联网、计算机等终端设备就能方便快捷地使用数据和应用服务。云计算下智慧物流管理平台能够减少企业在物流平台的投资和使用成本,降低企业实现智慧物流管理信息化的门槛,从而提升企业的竞争能力。

三、智慧物流信息实时处理

在信息化时代,使用无线智能终端,就可以实时地收集、传输物流信息,由此制订、优化操作物流计划,实现企业的快速响应。传统的数据分析工具是为分析历史信息而设计的,而处理海量的物流实时信息,就需要借助大数据信息实时处理技术,满足海量信息处理的高并发需求、大容量需求和高速度需求。

(一)技术构成

大数据实时流处理要求实时性、持续性,利用Hadoop平台,以及Flume、Kafka等开源技术,完成数据实时存储、实时计算、实时分析等内容,为挖掘数据价值、完成价值支付、与其他在线生产系统进行数据对接提供基础。

(二)应用模式

以京东商城大数据实时处理架构为例。首先通过在线实时计算集群、缓存集群完成对物流数据的实时计算，用以支持在线服务，支撑报表应用、分析应用、推荐应用等功能；之后通过分布式消息系统、高速存取集群、流式计算集群等，完成实时计算，用以更新日志系统、企业消息总线；最后在企业数据仓库进行财务、采销等数据推送，以及数据分析挖掘，从而完成离线计算。

第四节　信息分析技术

智慧物流信息分析技术通过对海量物流信息进行挖掘和分析，可以广泛地应用于物流客户关系挖掘、物流商品关联分析和物流市场信息分析等领域，是大数据背景下的智慧物流的发展核心。

一、智慧物流客户关系挖掘

针对已有海量客户与商品数据，应用数据挖掘技术对其关联关系、内在规律进行解析，进而为物流企业发展提供正确的决策依据，这是大数据背景下智慧物流的核心。面对数量巨大的客户信息，物流提供商在设法留住老客户的同时，还要尽可能挖掘潜在的新客户。现有信息系统的客户管理方式陈旧，并不能很好地吸引和调动客户积极性，因此用传统的方法并不能满足需求。但是，拥有处理海量数据能力及自我学习能力的数据挖掘技术与物流信息系统相结合，能够为物流企业提供强有力的支持。

（一）技术构成

数据挖掘主要是对数据进行关联分析、聚类分析和偏差分析等。通过对大数据进行高度自动化的分析，从中挖掘客户的潜在需求，可以帮助企业、商家调整市场政策，降低经营风险，理性面对市场，并做出正确的决策。

数据挖掘技术能够帮助企业在物流信息系统管理中，及时、准确地收集和分析客户、市场、销售，以及整个企业内部的各种信息，对客户的行为及市场趋势进行有效的分析，了解不同客户的爱好，从而为客户提供有针对性的产品和服务，大大提高各类客户对企业和产品的满意度。

（二）应用模式

对于客户来说，整个生命周期一般可以分为三个阶段：未来潜在客户，是目前还没有成为企业客户的目标市场客户；真正的客户，是正在使用产品和服务的人；历史客户，是那些不管自愿还是非自愿，不再使用公司产品和服务的人。对于每个阶段，数据挖掘技术都能给予很好的支持。

针对未来潜在客户，数据挖掘可以将以前对类似活动有兴趣的人员的特点整理出来，这样就可以将在以前活动中涌现出的有意向者作为本次活动的重点开发对象；或者寻找和当前高收益的客户类似的有意向者。总的来说就是利用数据挖掘、整理资料的特点，找出最有兴趣的客户群，让他们有机会接触到该项产品和服务，并最终成为真正的客户。

针对真正的客户，数据挖掘可以发现客户的消费嗜好，不同的客户有不同的消费嗜好，通过刺激客户的消费嗜好可以提高企业收入。通过关联规则挖掘还可以增加交叉销售，促使客户购买尚未使用的产品和服务。

针对历史客户，数据挖掘可以通过建立流失模型，发现客户离开的原因，预测什么样的客户有离开的意向，找到解决方法，从而避免将来类似的客户再次流失。

二、智慧物流商品关联分析

商品的合理储位对于仓容利用率、储存搬运分拣效率的提高具有重要的意义。在大数据环境下，对于商品量大、出货频率快的物流中心来讲，利用数据挖掘技术对海量货品信息间的联系进行关联分析，进而合理安排货架，能够有效提高分拣效率，同时有助于企业制定营销策略。

（一）技术构成

关联分析又称关联挖掘，就是在交易数据、关系数据或其他信息载体中，查找存在于项目集合或对象集合之间的频繁模式、关联、相关性或因果结构，即关联分析是发现交易数据库中不同商品（项）之间的联系。关联分析是一种简单、实用的分析技术，就是发现存在于大量数据集中的关联性或相关性，从而描述了一个事物中某些属性同时出现的规律和模式。

（二）应用模式

关联模式分析的目的是挖掘出隐藏在数据间的相互关系，即通过量化的数字，描述A类产品的出现对B类产品的出现有多大影响，可以用以下四个属性来描述关联规则。

①可信度：在产品集A出现的前提下，B出现的概率。

②支持度：产品集A、B同时出现的概率。

③期望可信度：产品集B出现的概率。

④作用度可信度：对期望可信度的比值。

在信息化的今天，通过挖掘顾客放入购物车中和历史订单中不同商品之间的联系，可以分析顾客的购买习惯，得出一个客户购买商品的简单规则。这种关联规则的挖掘可以帮助企业合理安排货架、决定这两种货品在货架上的配置，甚至战略性地布置货品在仓库中的位置。同时也可以帮助企业制定商品营销策略、完成价目表设计、实现商品促销和进行基于购买模式的顾客划分等。

三、智慧物流市场信息聚类分析

产品在进入市场后，并不会永远保持最高销量。一般来讲，随着时间的推移，产品会遵守销量变化的模式，大体经历导入期、增长期、成熟期和衰退期。在各个时期，产品的生产要求和实物分拨策略也不同。在大数据环境下，针对庞大且瞬息万变的物流市场，利用数据挖掘技术对物流市场数据进行聚类分析，能够有效帮助物流企业规避风险、做出合理决策。

（一）技术构成

聚类分析是数据挖掘分析的一种方法，是指将海量数据的集合分组成为由类似的对象组成的多个类的分析过程，其目的是根据一定的规则，合理地划分记录集合，使组之间的数据有很大的相异性，组内数据有很大的相似性。聚类分析是细分物流市场的有效工具，同时也可用于研究消费者行为，寻找新的潜在市场。

（二）应用模式

利用聚类分析和统计模型对数据库的数据仔细研究，可以分析客户的运输习惯和其他战略性信息。通过检索数据库中近年来的物流数据，再进行数据挖掘，可以对季节性、运输量、货物品种和库存趋势进行数据分析，还可以确定风险货物，并对数量和运作做出决策。例如，在导入期，产品逐步得到市场的认可，销售量可能会快速增长，这时需要提前确定生产计划、生产作业安排及适合的库存和运输策略，指导企业的生产，合理地控制库存和安排运输。

另外，还可以通过分组聚类出具有相似浏览行为的客户，并分析客户的共同特征，从而向客户提供更合适的服务。

第五节　信息预测技术

在大数据的背景下，数据成为智慧物流形成的关键一环。信息预测技术能够为智慧物流进行运营和管理提供基础。

一、智慧物流业务管理预测

在大数据背景下，智慧物流业务管理预测以实现物流各个环节业务预测的信息化、数字化、可视化、智能化为目的，涵盖物流配送业务、运输业务、仓储业务等方面，可实现物流配送路线优化、预测性运输和仓储的动态管理。

（一）智慧物流配送路线优化

在智慧物流配送业务中，合理确定配送路线是提高服务质量、降低配送成本、增加经济效益的重要手段。物流配送系统中最优路线的选择问题一直都是配送中心关注的焦点。在大数据环境下，利用道路优化与导航集成系统（简称ORION系统）等路径预测决策系统，能够为智慧物流配送提供优化方案。

1.技术构成

ORION系统诞生于21世纪初，并于2009年开始试运行。该系统的代码长达1 000页，通过利用远程信息处理技术、GPS跟踪设备和车辆传感器等，获取运送车辆的当前行驶路线、车辆性能及驾驶员的安全信息等情况，从而分析每种实时路线的近几十万种可能性，并能在短时间内预测最佳路线。

2.应用模式

快递员每天承担大量的快件交付量，ORION系统会实时评估路线情况，直到确定一条最佳线路。快递员手中的移动终端设备、远程信息处理技术、自定义地图数据与ORION系统的智能导航系统协同对接，最终有效地为其提供更为快捷、便利的行驶路线。在网络地理图库和智能运算系统的支撑下，ORION系统能够合理地分配快递员的配送时间，进而达到科学化运作和工作效率提升的目的。

（二）智慧物流预测性运输

大数据时代使根据海量用户数据去预测用户的购买行为成为可能，利用预测用户购买行为可以提前配货运输，有效缩减商品到达时间。

1.技术构成

"预测性物流"的专利技术由亚马逊公司于2013年12月申请，这项专利可以让亚马逊根据海量用户数据去预判用户的购买行为，提前将这些商品运出仓库，放到托运中心寄存，等用户确认下单时，立即装车送达。预测性物流能大幅缩减商品运输时间，有利于解决物流高峰时期物流延滞的问题。

2.应用模式

在大数据环境下，通过搜索引擎、云计算等技术，分析用户的历史订单、商品搜索记录、愿望清单、购物车，甚至包括用户的鼠标在某件商品上悬停的时间等海量信息后，在他们实际下单前便填好大概地址或邮政编码，以便将商品运送到接近用户的地方，将包裹提前从亚马逊发出，之后在运输途中将这些信息填写完整。但在用户正式下单前，这些包裹仍会暂存在快递公司的转运中心或卡车里。

（三）智慧物流仓储预测与动态管理

中国物流市场庞大复杂，企业的物流模式一般是"总仓＋地区分仓"的模式，多数中国企业采用经销制，总仓与分仓数据不共享，补单依据总仓数据或者靠经验与直觉，因此，避免缺货断货、实现去库存化成为现代物流企业的追求目标。

1.技术构成

利用大数据技术，依据可视化、可量化的消费需求，通过大数据运算，找到区域用户的兴趣点和关注点，通过寻找相关性、预测目标消费群的个性与共性，进而针对区域仓储商品品类进行有针对性的分配和优化，能够有效避免缺货断货情况的发生。

同时，可以在大数据环境下，建立透明化的物流追踪系统。通过仓储网络的数据共享，数据提取自由，物品全程监控，实现物流的动态管理，优化区域货品调配，支持企业做出科学的决策，降低物流成本，提高货品调度反应速度，提升企业整体竞争力。

2.应用模式

利用大数据实现库存优化的做法：第一步，加强总仓与分仓的联系，实现数据共享，实现数据提取自由；第二步，将货品管理分级，分为大件、单品、到达客户三个层次；第三步，建立物流追踪系统，借助二维码、GIS和视频编解码等技术，让生产、销售等各环节的数据透明化，对从生产到消费的全过程进行数据监管，实时采集数据。这样，物流就成为一个动态的、随时变化的数据集合，对来源不同、结构相异的数据进行加工、分析和处理，有利于实现物流的动态管理，方便企业及时进行产品调整、优化布局、调配区域货品。

二、智慧物流供应链预测

（一）技术构成

在大数据背景下，在产品设计、原料采购、产品生产、订单管理、产品销售及协同等各个环节，智慧物流都能够运用大数据预测技术，进行很好的动态掌控。

大数据预测技术能够有效提升物流企业的核心竞争力。涉及各个物流环节的供应链预测技术很多，例如SAS分析平台的需求预测技术、供应链计划预测技术、供应链风险预警技术等。

（二）应用模式

1.供应链需求预测技术

精确的需求预测是整个供应链的源头，市场需求波动、销售预测的灵敏与否直接关系到库存策略、生产安排及对终端客户的订单交付率。物流企业需要通过有效的定性和定量的预测分析手段和模型，结合历史需求数据和安全库存水平，综合制订精确的需求预测计划。

以汽车行业为例，在应用SAS分析平台对海量数据进行精准分析后，可以及时收集汽车何时售出、何时故障及何时保修等一系列信息，由此对设计研发、生产制造、需求预测、售后市场及物流管理等环节进行优化，实现效率的提升，并给客户带来更佳的用户体验。

2.供应链计划预测技术

有效的供应链计划系统集成物流企业所有的计划和决策业务，包括需求预测、库存计划、资源配置、设备管理、渠道优化、生产作业计划、物料需求与采购计划等。物流企业根据产能情况编制生产计划，保证生产过程的有序进行，其中包括物料供应的分解和生产订单的拆分。在这个环节中企业需要综合平衡订单、产能、调度、库存和成本间的关系，需要利用大量的基于大数据技术的数学模型、优化和模拟技术为复杂的生产和供应问题找到优化解决方案。

3.供应链风险预警技术

企业要利用好大数据技术，在供应链出现问题之前就准备好解决方案，避免措手不及造成经营灾难。企业还可以将大数据技术应用到质量风险控制中，例如，在生产线上安装传感器以获得大量实时数据，再利用这些数据进行分析预测，以控制产品质量。企业还可以通过采集生产线上的大量数据，来判断设备运营状况，对设备发生故障的时间和概率进行预测。总之，企业要重视基于大数据技术的供应链风险预警技术，建立风险预案、控制产品质量、保证生产安全。

三、智慧物流商物预测

在大数据背景下，通过智慧物流商物预测技术，对商品货物的品类、流量流向、供需平衡等进行预测，可以帮助企业调整商品的营销策略，合理构建物流网络，实现对供需市场的快速响应。

智慧物流商品货物的品类预测可以帮助企业合理制定商品货物的展示、定价、促销等营销策略；智慧物流商品流量流向分析预测可以对不同商物的流量，流向进行统计分析，发现商物的生产消费特点，并根据消费特点、地域分布等，对商品品类的流量流向进行预测，根据预测结果构建物流网络，从而实现企业对商物流量流向的可视化管理，实现企业及社会资源的合理化配置；智慧物流商品供需平衡预测通过对市场的供需情况进行综合分析预测，为供应商、生产制造商及销售商等及时准确地提供供需信息，以保证商物供需市场的平衡，从而达到快速响应客户需求的目的。

第五章 大数据时代智慧物流的
运输配送系统

第一节 大数据与智慧交通运输系统

随着大数据技术的广泛应用，智能交通运输系统发展与应用革新迎来机遇和挑战。智能交通运输系统已建立并实现广泛商用，可用于车辆的优化调度和货物的跟踪处理，提高物流管理效率和物流服务质量。

一、大数据技术支持的智慧物流运输系统

（一）运用大数据优化车辆管理

在车辆管理方面，安装远程信息控制系统，采用大数据技术对数据进行分析、处理，获知零部件运行状态，并及时更换；优化管理用车、调度、监控、接单、执行、结算、统计一整套服务，对不同类型的车辆自定义使用场景；获知驾驶人员情绪等大量数据信息，利用大数据技术分析数据得出决策，为制订车辆管理计划提供依据。

（二）运用大数据优化运输能力储备

利用算法提前预测用户需求，了解运输能力匹配、服务、区域、线路，再根据运输能力服务信息数据，综合天气、交通、人员等因素，分析出最佳运输能力，实现物流运输能力推送服务。目前，优化运输能力储备在实践中已有初步应用，通过扩充数据量、优化算法、加速系统执行，对订单信息和货物信息进行分析比对，可以提高物流运输能力服务的交互性，实现运输资源利用的最大化。

（三）运用大数据优化运输路线

运用大数据优化运输路线是节约物流成本的一个重要依据。在物流配送过程中，通过大数据分析产品的特性，了解货运点、客户、货物、交通路线、服务地、网点分布等因素，以及客户的个性化需求，快速对客户需求做出响应。其中，如何安排最佳路线，如何使装载和配送路线有效搭配，成为物流配送的难点。运用大数据，可以对物流路线的拥堵路段进行预测，通过分析历史中转路线数据，优化车辆行车路线，使运输效率大幅提高，为物流企业之间搭建沟通的桥梁。

（四）运用大数据优化商业决策

在物流决策中用大数据分析预测，能够使供给与需求匹配，对资源进行配置，在决策优化中重新定义组织方式，预测未来事件的行为和动向，分析特定时期和特定区域的供给和需求，从而更好地制定由数据驱动的商业计划。

二、大数据在物流供应链中的应用

（一）物流供应链金融创新型模式

通过大数据技术掌握物流过程中的动产和供应链中贸易的自偿性，以及贸易过程中预付账款和应收账款的真实信息，为物流过程涉及各方提供融资服务。

当前，物流企业对共享数据、共享流程进度有所排斥，但限于订单、资金垫付、回笼周期等因素，物流供应链上下游会存在运营资金短缺问题。若物流供应链上各节点不能协同，则单家物流企业的成本结构、响应速度是抵挡不住市场带来的冲击的。因此，谁能做出物流产业的高速连接器、深入管理物流进度、帮助缩减运营成本、提高资金周转效率，谁就能赢得市场。

物流供应链金融主要包括应收款类、存货类、预付款类3项，以及其下的20多个子项，可以开展的业务类型如下。

1.原材料采购金融物流

以生产型企业为服务对象，在实际操作过程中，通过供应链金融物流服务，客户可与物流企业达成合作意向，缴纳一定比例的保证金，解决定向采购原材料垫资问题，并提供物流服务。

2.产品预购金融物流

将销售、采购移至监管端，分次缴纳款项，提取相应数量的货物，重复完成销售回款。物流企业并不从中赚取贸易差价，仅收取一定的物流服务费用。

3.对外贸易金融物流

对外贸易金融物流供应链的上、下游大多是国外企业的跨国供应链，目前还没有合适的融资方案。

（二）基于大数据的智慧物流供应链系统设计

1.物品管理与存储管理子系统

物品管理与存储管理子系统能够实现仓库管理的全面信息化。立体采购、跟踪反馈、结算统计等有助于实现可视化管理。通过日常化、账单化、统计化、数据化的管理，可实现高效的智能存储，提高物流效率。如今，高端物流仓已可以实现无人化操作。

2.配送调度子系统

配送调度子系统能够简化流程，综合调度仓储、分拣、配送、装卸等服务，通过自动识别技术及射频识别技术，按照顾客的要求进行流通加工，使整个物流系统的操作更加透明、智能。

物流企业可以在配送调度子系统中嵌入地理信息系统、电子数据交换系统、全球定位系统、全球移动通信系统、传感器等，从而构建智慧物流系统。

3.客户服务与人力资源子系统

客户服务子系统可以提高服务质量。优质的服务可以塑造和强化企业良好的公共形象，提高顾客的满意度和忠诚度，创造优良的营销环境。

人力资源子系统根据大数据技术分析人员的需求，对人力资源进行管理（包括人事事务、薪酬、招聘、培训、考核等），从而科学、合理地规划和调度人力资源。

4.财务管理与质量管理子系统

财务管理子系统可以帮助企业随时核算和考核，支持业务处理过程，满足财务管理对信息及时性的要求。

质量管理子系统面向企业的质量管理，包括来料检验、工序检验、产品检验、品质管理等，功能覆盖企业质量管理全部流程。

第二节　大数据与智慧物流配送系统

物联网技术与大数据技术互为依托，物联网技术为大数据分析技术提供部分数据来源，大数据分析技术将物联网技术采集的数据进行业务化处理。智慧物流则是大数据分析技术的主要应用场景。

一、大数据技术支持下的智慧物流车货匹配

物流企业具有基础货源优势和深厚的经验，每宗货源的运输方案、时间各不相同，高峰期的运输能力不足，低谷期的运输能力闲置，整体运营成本较高。

随着大数据应用日益广泛，基于大数据应用的大型车货匹配平台应运而生。纵观整个物流市场，如货车帮、运满满、快狗打车、货拉拉等，同质化竞争激烈，而车货匹配业务大部分由独立公司运营。

广义上，车货匹配不同于热点商品推荐，货源对车辆是有要求的，不同货源的时间、路线、种类、计价方式不同。车货匹配平台的涌现打破了熟人交易模式，对资源在长时间、大区域内进行匹配，通过"海量货源线上找"，使货主和卡车驾驶员对接，帮助驾驶员实现返程不再空载的目标，使卡车驾驶员的生存环境得到了极大改善。

公路物流是中国运输行业的重要组成部分，而我国公路物流的经营主体规模小、数量多。虽然我国公路物流货运量占整体货运量的80%，但行业效率并不高，货运物流信息的不对称性造成的资源错配和浪费是公路物流行业效率低下的症结所在，而大多数车货匹配平台创立的目的就是解决此痛点。

（一）车货匹配的市场格局

利用大数据技术的信息检索能力和匹配效率，车货匹配平台通过线上平台实现去中介化。按运输距离，车货匹配平台可以分为长途、城际、城配三类。近几年，基于智慧物流大数据的车货匹配市场格局已经基本成型，节点云信息科技是其中的典型。

（二）车货匹配的应用模式

目前，车货匹配市场按照线上、线下区分主要有以下模式。

1.线下＋线上模式

这一模式要在全国范围内布局，建立服务节点，整合当地运输资源，建立可控的运输资源网络，形成一个"运输能力池"，并以此为基础在线上提供车货匹配业务。这种模式的核心是整合车货资源，保证车货匹配平台上车源信息的真实有效，统一服务规则，并以此为基础进行车货匹配。

2.纯平台模式

最早期的纯平台模式是简单的货运信息发布网站。后来，纯平台模式发展为通过研发系统，整合货源和车源，打通线上和线下，连接货主和运输能力。作为无车承运人，平台自身不参与物流的实际运营和管理，它是以软件为核心的信息传递、匹配和交易平台。

3.线上大数据与线下实体物流节点相结合的模式

目前，线上大数据与线下实体物流节点相结合的模式，是车货匹配最明显的应用趋势。从线上线下分类来看，它属于线上平台＋线下公路港模式。

另外，未来物流的主要盈利来源可分为基础设施租赁收入、各类物流交易抽佣收入、会员服务收入，以及流量和大数据带来的金融服务收入等。

二、大数据技术支持下的智慧物流运输管理

物流运输管理包括物流、运输、业务、合同、决策、成本、集装箱、零担、国际运输、智能运输技术、特殊货物运输等。智慧物流大数据与供应链系统的结合可以支持特种运输等服务，具有很强的扩展性。在供应链一体化架构下，物流运输能够与贸易、仓储等供应链环节进行无缝对接。

（一）应用现状

大数据技术被应用于各领域，可以科学管理车辆及货物运输，减少浪费，增加收入，提高企业效益。

大数据交通运输管理系统利用云平台将信息流实时传送到云端，数据从运输链条前端切入终端，无缝连接，让所有参与方都知道货物的运输情况，关注运输管理的全链条，还可以在线结算，形成基于核心流程的平衡生态系统，并且只需要一个账号就可以实现变现管理，解决了货物运输全渠道管理的需求。大数据交通运输管理系统是开放的，实现了在途运输可视化管理，建立了基于信用体系的社区，在更好地管理业务，连接承运商、驾驶员和收货方的同时，其盈利模式面向终端，有助于找到更好的资源或新的业务。

（二）典型应用解析

1.大数据的交通运输管理系统

车辆调度辅助决策支持系统可以帮助用户管理车辆及货物运输，了解用户现在和未来一段时间的使用需求。同时，车辆调度辅助决策支持系统还可以解决汽车及货物运输方面的管理混乱问题，如个体用户拥有的车辆少、业务零散等问题。

大数据交通运输管理系统基于移动互联网技术，服务对象涵盖所有类型的货物和车辆，满足物流公司等公路长途整车运输需求，同时提高车主的配货效率，降低空返率，提升货主的找车效率，改善物流行业的整体运行效率。

2.第三方物流企业

智慧物流运输系统借助网络和通信技术，在规范的运输市场交易系统的支持下，以货物运输权利为标的，按价格优先、时间优先和系统资源优先的原则，由计算机自动匹配成交。

第三方物流企业的业务核心是为客户提供生产（流通）供应链管理服务。第三方物流企业以运输为主线，应用全球定位系统和电子数据交换技术等，通过对物流全过程的计划管理、过程监控、车辆调度等，实现物流运输的智能化管理。在智慧物流运输系统的辅助下，使货物运输全过程始终处于动态控制中，达到优化物流过程的目标。

3.技术服务平台

向物流企业管理提供的服务主要集中在物流配送管理和车货动态控制两个方面，如提供当前道路交通信息、路线诱导信息，为物流企业优化运输方案提供决策依据；通过对车辆位置状态的实时跟踪，向物流企业及客户提供车辆预计到达时间，为物流中心的配送计划、仓库存货战略的编制提供依据。

4.智能运输技术

智能运输技术包括移动信息技术、车辆定位技术、车辆识别技术、车辆控制技术、通信与网络技术等。

在物流信息链中，需要使用移动信息系统，该系统和物流企业的信息中心构成统一整体，会对合同信息、运输路线、车辆行驶状态等数据进行收集、储存、交换和处理。该技术采用车配便携式计算机信息处理装置、无线发射与接收装置，将货运车辆纳入物流信息链。物流行业产生的移动定位信息量是非常大的，其用户主要是跨国物流企业和大型物流企业。随着信息技术发展及信息费用下降，许多中小型物流企业对移动信息技术也开始感兴趣。

基于车辆定位技术，物流控制中心可以在任意时刻查询车辆的地理位置，并将位置在电子地图上直观地显现出来。动态掌握车辆所在位置可以帮助物流企业优化车辆配载和调度。另外，车辆定位技术也是搜寻被盗车辆的一种辅助手段，这对运输贵重货物具有特别重要的意义。GPS是车辆定位最常用的选择。网络GPS用户还可使用GSM的通话话音功能与驾驶员进行通话，或者使用安装在运输工具上的液晶显示屏收发消息。

运用识别技术，运输中的货物可与一个号码或某些特殊信息绑定，这就方便了在运输途中对货物的跟踪与监控。RFID是一项成熟的自动识别技术，其利用射频方式进行非接触式双向通信交换数据，以达到识别货物的目的。和传统的磁卡、IC卡相比，射频识别技术最大的优点在于非接触，完成识别工作无须人工干预，并且不易损坏，可识别高速运动的物体。多个射频识别卡可同时识别，操作快捷、方便。

基于车辆控制技术建立的车辆控制系统，是现代物流系统中货运车辆运营管理的重要组成部分，提供了支撑物流系统在运输环节对供应链进行全过程管理的基本功能，如运营货运车队管理、货物运输管理、货运车辆电子通关、运营货运车辆运政管理、动态承重、车载安全监控、车辆车载安全保障、货车车辆维护、危险货物运输管理等。这些功能可以简化车辆运营注册、尺寸检查等手续，提供货物配送、回程载货信息，提高集散作业的可靠性，极大地提高了运输效率，减少了延误。

5.物流数据网络

物流信息化表现为商品化、数据库化、代码化、数字化、电子化、计算机化、标准化、实时化等。在现代物流运输系统中，数据越来越多地需要远程输送与交换。远程数据通信可利用专门的数据交换网，也可借用互联网。由于互联网具有通信成本低、互联互通率高的优点，近年来越来越多的货运企业将互联网作为数据交换平台进行数据通信。互联网及时、准确的信息传递，满足了物流运输系统高度集约化管理的信息需求，保证了物流数据网络各节点和总部之间，以及各节点之间的信息充分共享。

三、大数据技术支持下的智慧物流终端配送

终端配送就是将货物直接送到消费者手中。终端配送环节是市场服务的窗口之一，也是市场服务的亮点，受到物流企业的广泛重视，各物流企业都在不断增加终端配送站点的数量，以吸引更多的客户前来交易。当下，国内大中型城市终端配送网络已经健全，终端配送站点也不再是越多越好，就当前情况来看，建立科技含量更高、集约化程度更高的配送终端的应用价值更大。

（一）终端配送领域是关键一环

智能配送中心科技含量较高，被定位为终端配送站点，集约化程度也较高。通过合理的场地规划，应用行业最先进的自动化分拣设备，结合多维度数据采集和预分拣技术，建设智能配送中心是大势所趋。未来，智慧物流将以智能配送中心为主要节点，应用大型分拣中心的自动化智能分拣系统，同时结合无人机、无人车等科技设备，实现终端货物的集约划分，形成立体化、智能化的终端配送网络。

（二）应用现状

物流终端配送涵盖干支线末端、大数据支持系统、到门直送、路线优化、

订单处理、同城落地配、多目标决策、调度业务优化、可视化调度等，这些都是大数据与物流结合的最佳应用。随着现代物流产业的发展，商务需求日益增加，人力成本日益攀升，终端配送供给面临不足，导致仓配产能渐趋不足。大数据成为解决这些问题的重要手段，大数据技术的应用可以降低物流成本、提高客户服务水平，为此电子商务企业和物流企业在应用大数据优化配送方面进行了探索尝试。

例如，针对城市路网复杂的问题，用大数据技术将配送订单科学地分配到车辆；针对交通管制拥堵的问题，利用地理信息技术对路线进行优化，以车少、里程短、运费低、时间快等因素为目标；针对客户订单数量和地点变动、收取货时间变化的问题，利用互联网技术使配送业务完成时间表透明可控，以满足客户配送要求为前提，同时把相关作业信息及时反馈给客户；针对配送车辆增多，造成运输资源管理难度大的问题，利用大数据技术生成装车单和派车作业单，协同仓库及相关部门一起完成配送任务；针对车辆利用率低，以及员工工作强度增加的问题，利用大数据技术实现配送订单明细可视化、减轻调度人力的劳动强度；针对成本高、盈利水平下降的问题，负责串接买家、卖家，及时达成双方的约定，协同订单管理、资源管理、货物接收、货物分拣、货物集拼，建立可视化的新型配送系统，降低总成本，为企业创造持久的竞争力。

四、智能型配送系统的配送模式解读

配送服务分为基本服务和增值服务，城市物流配送信息化智能配送系统常规模式如下。

（一）多点物流配送的业务模式

配送业务是由配送中心拣货后，车辆按顺序配送到各客户配送点的单点装载配送作业。配送系统支持车辆从出货仓库装货后，到下一个出货仓库装货，再按顺序将货物配送到各客户配送点的多仓库装载共同配送作业（包含出货仓库间的回程车应用），实现配送业务的一体化管理。

（二）配送途中送货与取货的模式

配送系统可以将送货订单与收货订单自动分配给最适当的车辆执行作业，可满足同一张订单中同时有送货与收货的业务要求。可由同一辆车在客户配送点同时进行送货与收货，在配送途中同时制订送货与收货计划，有效运用装载空间增加车辆装载量。

（三）配送规划路线由远到近的模式

为了让较远的顾客先执行作业，以及避开交通拥塞或在早晚高峰时道路或区域的管制等，配送系统可以自动判断，为最远的客户配送点优先配送，在返回途中同时基于其他客户配送距离限制条件的考虑，规划最佳配送路线，并切实反映到实际配车作业过程中。

（四）多种限制条件与配送条件的模式

基于车辆可使用时间、指定车型、指定车辆、指定车队、物品可否混合装载、指定送达时间，以及客户指定多个时段等多种配送限制条件，自动选择最适合配送时间段进行送货、取货。当车辆装载货物时，同时计算考虑装载重量、装载体积，支持复数装载尺寸的自由设定，完全展现实务作业逻辑的限制条件要求。

（五）择日制订配送计划的模式

在月历中选择配送日期，即可制订当天或隔天的配送计划，以及连续多日的配送计划。当计划受需求、产能及存货状态影响时，可迅速获得客户的收货时间，快速调整配送计划。

（六）智能型的城市道路网络分析模式

配送系统先进的多维式道路网络时间运算技术，可以提供多种行车速率模式，可针对各种道路等级的不同路段进行自动分析，可考虑数千个用户配送点的配送距离、配送时间，并找到最合理的组合，自动规划最适合的配送路线。

（七）可视化的配送排程计划模式

配送系统的排程结果以直观的甘特图展现，通过鼠标的拖、拉、点、选，迅速、有效地满足调度人员的配送决策分析需求。弹性化的排程编辑功能可将各车辆的配送用户以鼠标拖拽的方式相互交换，实现配送顺序先后的弹性调整。在编辑调整时，甘特图与地图上的路线实时联动显示，并同步显示是否有违反条件的自动警告，从而作出正确的决策。

（八）多名调度员同时制订配送计划的模式

配送系统以最经济的方式与企业内部现有系统进行无缝整合，支持多个道路网络数据，并各自制订不同的配送计划。

（九）高速的全自动运算的模式

当企业产能策略或客户需求临时增加时，调度人员可在配送计划制订后，利用固定车辆再计算功能，在不改变已经计划完成车辆排程结果的条件下，快速进行自动再排程计算。

五、智能型配送末端的智能快递柜

电子商务平台的发展带动了人们网购的热潮，也推动了快递行业的发展。在快递配送"最后一千米"的问题上，智能快递柜的出现成为有效的解决方案。

智能快递柜的出现解决了用户与快递派件时间不同步的痛点，快递公司、收件人、快递员是智能快递柜连接的三方，解决了快递"最后一千米"的配送问题。智能快递柜在经历了各大企业疯狂扩张的初期阶段之后，如今进入瓶颈期，巨额亏损使不少企业放弃该市场。如何破解当前困局成为改变智能快递柜未来发展趋势的关键。

（一）智能快递柜激发物流行业向智能化发展

在大数据时代，物流行业向智能化发展。智能快递柜的大规模商用，基础设施的完善，以及信息化水平的进一步提升，激发物流行业向智能化快速发展。

"末端配送"问题一直是物流行业的瓶颈问题。作为供应链的最后一环，同时又是新型末端配送方式，智能快递柜近几年在国内得到了充分发展。统计数据显示，2014～2019年我国主要城市智能快递柜铺设数量从1.5万组增长至40.6万组，2020年达到80万组；全国快递入柜率从2014年的1%迅猛增长到2019

年的10.5%。受新冠肺炎疫情的影响，智能快递柜市场迎来一次需求爆发，预计到2023年智能快递柜的保有量将超过200万组，设备市场规模将超过500亿元，快递入柜率将达到30%。

智能快递柜行业有如下三种运营模式。

1.电子商务平台自建

为了完善用户体验，以及加强线上与线下的结合，以菜鸟、京东为代表的电子商务企业选择自己建立智能快递柜。例如，京东的智能快递柜采取了免费使用的服务方法，旨在提升服务质量、增加客户黏性，进而提高城市物流配送市场占有率。但是，由于建立智能快递柜投入较大，大多数企业并不会选择这种方式。

2.快递企业自建

以速递易、丰巢为代表的快递企业自己建立智能快递柜。智能快递柜可以提高快递企业物流末端配送环节的服务水平，提高企业内快递员的工作效率，同时给客户带来更好的服务体验。对于快递企业而言，智能快递柜节省了人力成本，提高了投递效率，有助于获得更多的利润，因此自建智能快递柜是很多快递企业的选择。

3.第三方企业建设

以近邻宝、格格货栈、1号柜为代表，第三方企业建设智能快递柜，然后将智能快递柜租赁或销售给其他快递企业，从中谋取利润。

不论是电子商务平台，还是快递企业自建的智能快递柜，在满足自身快递业务需求的前提下，都会将智能快递柜对其他快递企业开放，兼具第三方企业职能。

（二）智能快递柜满意度调查研究

1.智能快递柜满意度影响因素

（1）收费

智能快递柜的铺设与运营成本较大，目前除菜鸟的智能快递柜之外，所有智能快递柜企业都开始实行存放收费或超时收费。与社区便利店和菜鸟驿站相比，智能快递柜需要额外支付保管费用，"乱收费"现象也频频发生。

（2）选址

受限于资金，当前只有丰巢仍在加大智能快递柜的铺设力度。一些企业前期粗糙的投放模式留下了诸多后遗症：有些智能快递柜铺设地点快递较少，许多智能快递柜闲置；也有许多快递集中的小区或单位尚未布局智能快递柜，严重影响了顾客的满意度。

（3）尺寸

智能快递柜的单元格尺寸太小，会出现挤压包裹的问题；尺寸太大又会浪费空间资源。顾客在收到被挤压的包裹后，对智能快递柜的满意度就会下降。

（4）故障率及修复

智能快递柜包含多个以电路控制上锁、解锁的储物格，并配有轻触式屏幕作为交互界面。当使用次数达到一定数量时，电路系统的故障率会升高，必须安排专业的维护人员进行定期检查与维护。如果智能快递柜不能及时维修，则会给顾客带来极差的用户体验。

（5）外观设计

对于许多消费者而言，智能快递柜的外观设计也是影响其满意度的一个因素，富有设计感的外观通常能打动更多消费者，增加好感。此外，因为智能快递柜的制造材质通常为金属，在关柜门时其通常会产生噪声，尤其是在晚上比较安静的时候，会影响居民的正常休息。

2.智能快递柜满意度影响因素指标体系

智能快递柜满意度影响因素分为五类：服务可靠性、服务便捷性、服务价格、维修及时性、外观设计。其中，服务可靠性指智能快递柜是否具有基本的存储能力，包括是否有足够数量的储物格、储物格的空间是否足够大等；服务便捷性指顾客取件是否方便，包括到智能快递柜的距离远近、智能快递柜的具体位置是否便于查询等；服务价格指智能快递柜的收费价格能否获得顾客的认同，包括存放快递的收费价格是否合理、统一、清楚等；维修及时性指能否及时响应顾客的各种要求，即能否定期维护智能快递柜、在智能快递柜出现故障时能否快速修理，以及与顾客交流的态度是否友好等；外观设计指快递柜外部的美观程度、材质选择等。

3.智能快递柜满意度分析

智能快递柜在服务可靠性、服务便捷性、服务价格、维修及时性、外观设计五个方面存在一些问题，这在不同程度上影响了顾客的满意度。另外，智能快递柜可增加更多的增值服务，如生活缴费（水费、电费）、订票取票等，从而为顾客提供更多的方便，同时改善商家的盈利模式，提高盈利水平。

智能快递柜存在很大的发展提升空间，也有巨大的市场需求。那么，找出优化的关键进而提高顾客满意度就显得尤为迫切。

4.提升智能快递柜满意度关键因素分析

对每个满意度影响因素进行描述性统计分析，通过计算得出满意度影响因素的基本情况：目前智能快递柜的增值服务并没有足够的广度（缺少满足顾客刚性需求的功能），相关服务仍处于试点状态并没有普及；科技高速发展，生活质量极大提升，但智能快递柜的功能更新没有跟上时代发展的步伐，无法及时满足广大顾客的需求。

价格因素评分低大致有三个方面的原因：一是智能快递柜在初期宣传普及时并没有提出要收费，吸引了大批顾客的使用，但一段时间后，由于盈利水平持续低下，甚至长期亏损，智能快递柜企业实行了收费机制，尽管收费并不高，但这使客户产生了"亏损"心理。二是随着物流服务水平的提高，快递员需要把货物送到顾客手中，并保证快递包裹的完整性，因此一部分顾客认为智能快递柜的收费应只针对快递员。另外，快递员通常在顾客不知情的情况下自行选择投递智能快递柜，而顾客如果因为种种原因无法在一天内取件就要被收费，就会引起大量的不满。

智能快递柜满意度各维度因素影响力从高到低排名依次为服务便捷性、服务可靠性、服务价格、维修及时性、外观设计。这说明通过提升服务便捷性，来改善顾客满意度的效果是最明显的。根据服务便捷性的调研结果，71.91%的顾客认为智能快递柜所提供的多种服务不能令人满意，多种服务的满意度仅2.11分（满分10分）。因此，提升服务便捷性的关键是提供令人满意的多种服务，单一的盈利模式显然不能满足顾客与企业的需求，多元化的经营模式才能取得成功。

（三）智能快递柜下一步发展

未来，智能快递柜应逐渐融入供应链，实现功能多样化、定位差异化。

1.将智能快递柜真正纳入供应链环节进行统一管理

供应链核心企业及快递企业不能抱有快递投入智能快递柜后末端供应链已完成的观念，应将供应链管理理念延伸至顾客从智能快递柜中取出快递，对快递在智能快递柜中的情形进行监控，将快递进入智能快递柜到顾客取出快递的阶段也纳入供应链绩效考核。只有这样，智能快递柜的末端供应链功能才具有实际意义。

智能快递柜企业应开阔视野、创新思路，不拘泥于行业限制，不断挖掘不同行业、企业的需求，增加更多服务功能，如冷藏冷冻、网上商城、生活缴费等真正能在生活中给顾客带来便利的服务，提升自身盈利水平，形成闭环生态圈甚至产业链。

智能快递柜的市场不应仅限于传统快递业领域，而应该发展多种类型的业务，如社区便利店的线下配送、微商群体的邮寄件，甚至报纸的投递。对于普通消费者来说，如果能实现一户一柜，在每家门口安装小型的智能快递柜，用于每天早上鲜奶、中午外卖、傍晚水果配送到家，那则是令人向往的。依托免费或低价寄存快递的服务来获得顾客基础群体，并衍生出更多功能来盈利，不仅能扩大智能快递柜行业的影响力，有助于顾客群体的扩增，还能改进快递柜企业目前单一的盈利模式，实现多元化营收，降低金融风险，有利于企业本身的可持续发展。

智能快递柜服务的人群十分广泛，不同区域的智能快递柜的功能定位应有所区别，以满足不同人群的差异化需求。例如，在以年轻人和上班族为主的社区，智能快递柜的智能功能应十分强大，特别是冷藏柜的需求会更大；在老人较多的社区，智能快递柜的设置地点不能过远，甚至就在家门口或楼门口，功能应尽可能满足不同产品的不同保存需求。

2.智能快递柜向高端发展

随着电子商务的发展及新零售的变革，智能自提冷柜受到人们的关注，即运用现代通信技术、计算机网络技术、食品安全管理技术、生鲜食品技术，将生鲜食品及食材用全程冷链一站式配送方式，送到城市社区终端智能自提冷柜中，社区市民根据自己的时间安排自由提取生鲜食品。这项创新型技术的开发和应用彻底解决了我国食品生鲜冷链"最后100米"的流通瓶颈，提升了现代化城市品质生活的服务动能，打通了生鲜食品供应源与城市居民零距离的直销渠道，为打造供应链智慧社区创造了必要条件。

　　随着智能自提冷柜布局范围的拓展，物流要素资源在更大的区域进行了整合，推动了生鲜食品供应链高质量发展，逐步建成了现代化的新型生鲜食品供应链体系。

第六章　大数据时代智慧物流的管理框架

第一节　管理需求分析

目前，现代物流业正处于蓬勃发展时期，人们对物流业提出了更高的要求，物流业逐步迈向数字化、信息化、自动化、协同化、一体化和智能化。在大数据背景下，智慧物流管理呈现出新的趋势与特点。将大数据技术运用于智慧物流领域能够满足物流信息资源整合与共享的需求、物流业务流程优化的需求、物流综合管理集成化的需求、物流资源管理协同化的需求、物流安全管理一体化的需求和物流运营管理智能化的需求。

一、物流信息资源整合与共享的需求

信息资源整合与共享是物流整合战略中的重要组成部分，是供应链实现整合的基础和技术保证。信息资源整合与共享以信息技术为手段，对供应链上流动的信息进行采集、筛选、整理、存储、传递和维护，通过分析提取对企业有用的共享信息，从而提高整个供应链的整体竞争优势。具体来说，就是通过对需求信息、库存状况、生产计划、开工计划、促销计划、市场预测及运输计划

等信息的共享，提高物流企业对市场的反应灵敏度，降低错误生产计划的发生率，从整体上提高供应链的价值。

信息资源整合与共享是物流供应链实现效益最大化的必要手段和途径。大数据技术能够快速整合和管理不同类型的大容量数据，对原生形式的信息采用高级分析，通过网络实现信息共享，从而达到对物流供应链的高效管理效果。在物流供应链上的各企业可以利用这一平台来拓展信息增值服务，主要体现在通过获取准确、全面和及时的信息来为客户提供独一无二的服务。因此，必须提高物流企业信息资源的整合与共享水平，而大数据技术的应用正是迎合了物流供应链上各企业的需求。

二、物流业务流程优化的需求

整个物流过程中的业务环节有很多，既有采购、存储、运输、包装、装卸、搬运等环节，也有配送、流通、加工、服务和销售等环节，这些环节之间既相辅相成又相互制约。物流的业务流程很复杂，且同时运行着多种数据流，包括信息流、商流、资金流和物流等。

为了发挥其最大社会效益和经济效益，企业必须实时地、精确地了解和掌握整个物流环节上信息流、商流、资金流和物流的状态变化和流向，使"四流"在各个环节、各个流程相互协同。而大数据技术等可以有效解决物流管理上各项业务运作数据实时、精确采集的问题，较好地解决了在业务过程中对物品的实时监控、控制与追踪等难题，进而实现物流系统中物品的透明化和可视化管理，优化物流业务流程。

三、物流综合管理集成化的需求

物流综合管理集成化是指物流企业不同职能部门之间或不同物流企业之间在物流管理上的合作。

集成化的物流综合管理作为一种全新的管理模式，将动态的、多变的、目标不同的各个企业或者部门有机地结合在一起，是一个非常复杂的管理体系。实现物流综合管理的集成化，以及实现运输、仓储、配送及其相关活动的信息化，必须具备信息技术手段。物流企业建立用计算机连接的能够反映物流信息流的综合系统是集成化物流必不可少的条件。物流管理活动信息量大、涉及面广、信息种类多、实时性要求高，而大数据技术的产生与发展为物流综合管理集成化的实现，提供了技术和管理手段，是推动物流综合管理集成化的技术动力。

物流综合管理集成化消除了物料在各环节之间的流动障碍，加快了货物周转速度，减少了库存量，使物流企业的整体物流成本降到最低。同时，物流综合管理集成化从战略高度促成物流部门与生产部门、销售部门的协调，增强了企业的竞争能力和盈利能力。

四、物流资源管理协同化的需求

目前，我国大部分物流企业对物流资源的管理意识还比较淡薄。物流企业内部的物流资源是否充分利用，将直接影响存货的经济采购量、仓储量和存货的仓储成本，因此现代物流业急切需要一种新的管理模式，能够使物流资源达到共享与协同。物流资源协同化是指实现物流体系中仓储资源、人力资源、信息资源、管理资源、运力资源等物流资源间管理的协同。

在现代物流业物流资源管理中，已可以实现物流设备养护检修作业信息化和安全检测监控自动化，并且在运输车辆等设备的生产运作过程中通过标签化的方式进行实时的追踪，可以实时地监控这些设备的使用情况，实现对企业资产的可视化管理，有助于企业对其整体资产进行合理的规划应用，最终达到保障物流资源可靠提供的目的，以确保物流生产过程的高效性与安全性。

五、物流安全管理一体化的需求

安全管理一体化是指将物流企业仓储安全管理、运输安全管理、配送安全管理、供应链安全管理和安全预警管理等统一为一个有机的整体进行管理。安全管理一体化是现代物流业安全管理发展的必然趋势，其目的是将物流安全统一到管理和实际工作的各个层次中。安全管理一体化不仅能解决安全管理中出现的各种具体问题，提高物流安全管理工作的效能，并且能够深化物流企业管理的一体化。安全管理一体化是安全管理对象和安全管理过程的有机结合，将监测技术、安全保障技术应用到物流管理中，可以满足物流的机密性、真实性、完整性、抗抵赖性等四大安全要求，并可以解决好用户隐私保护与信任管理问题。

六、物流运营管理智能化的需求

我国物流业正处于转型时期，也是蓬勃发展的时期，物流业发展终将进入运营管理智能化的阶段。通过在整个管理过程中应用大数据技术，从商品的生产完成到供应商再到最终用户，商品在整个物流网络上的分布情况及商品本身的信息都完全可以实时、准确地反映在物流企业的信息管理系统中，在很大程度上增加了物流运营管理的智能化程度，使物流企业的运营管理过程变成一个完全透明的体系。快速、实时、准确的信息使得整个物流决策能够在最短的时间内对复杂多变的市场做出快速的反应，提高物流企业运营方案对市场变化的适应能力。

第二节　管理组织框架

智慧物流的运营涉及原材料及成品供应商、物流企业、分销零售渠道与客户等供应链上多家主体及电子商务企业、金融服务等支撑平台。各主体之间的信息交互依赖于数据交换平台。

一、大数据背景下智慧物流信息交换主体

数据交换平台接受来自多个主体的信息，由于数据结构、标准等都不一样，数据交互平台需要对信息进行拆分和整合，各主体与数据交换平台进行信息交互。

（一）政府

政府根据市场的运营现状制定政策、方针，调控行业发展，同时根据行业运营数据合理调整政策，在全社会范围内实现资源的优化配置。

（二）原材料及成品供应商

原材料及成品供应商是整个供应链的上游，企业内部生产信息和企业间产生和流动的信息是物流企业安排运输、配送、仓储等业务和配置物流资源的依据。同时，生产企业也需根据来自数据交换平台的信息及时调整生产计划，合理安排生产过程。

（三）物流企业

物流过程涉及采购、存储、运输、包装、装卸、搬运、配送、流通、加工等环节，在大数据背景下，物流企业能实现对物品的实时监控、控制与追踪，将采集的实时数据传输至数据交换平台。同时，通过对客户数据的分析与挖掘，细分客户群，提供更为个性化的物流服务。

（四）分销零售渠道与客户

分销零售渠道与客户是整个供应链的下游，客户的需求直接影响到上游生产企业的生产计划。销售商提供客户的具体需求，作为上游生产商产品研发和改进的重要依据。同时，销售商通过分析客户的购买行为，更好、更精准地发现目标客户，增加销售量。

（五）信息化及物联网企业

信息化及物联网企业通过提供基础设施保障数据的采集、传输，并利用数据处理和分析技术，通过建立集成模型，发现数据的相关关系，为企业的决策提供，可靠依据。

（六）电子商务企业

物流是电子商务的重要组成部分，电子商务的发展极大地促进了物流的发展。目前，在中国，物流已成为制约电子商务发展的瓶颈。电子商务企业能够提供客户的选购、消费、评论数据，用以预测顾客需求，从而调整库存水平。

（七）金融服务机构

金融服务机构为企业提供融资投资、储蓄、信贷、结算、证券买卖、商业保险和金融信息咨询等服务，通过数据交换平台能够获得客户的数据，分析其特点，提供更有针对性的服务产品。

二、大数据背景下智慧物流运营组织框架

大数据背景下智慧物流的信息交换主体包括成品供应商、物流企业、客户、政府、电子商务企业和金融服务机构等，各主体与数据交换平台进行信息交互。下面从智慧物流商物管理运营组织、智慧物流供应链管理运营组织和智慧物流业务管理运营组织三个层次进一步分析，构建智慧物流运营的组织框架。

（一）智慧物流商物管理运营组织

智慧物流商物管理的核心在于控制商品的流量流向，其运营组织主要包括政府、行业和企业。政府通过物流大数据所获取不同品类商品的有效信息，掌握整个市场的运营情况，通过政策的制定和实施，及时调控市场；各行业从大数据中把握行业动态，根据行业自身特点和规律，制定更好的发展规划，使行业更加快速健康发展；企业根据大数据分析市场需求，从而调节供应、研发、

生产、销售各个环节，提供更优质的产品。

（二）智慧物流供应链管理运营组织

智慧物流供应链运营管理组织涉及货主、供应商、承运商、经销商、销售终端等多个主体。多个主体内部及之间都产生大量数据，通过分析其中的关联关系，能够更好地协调各主体经营运作，完成采购物流、生产物流、销售物流的高效运营。通过信息交互分析整个物流供应链的运作过程，能够及时发现物流供应链上各环节的问题，及时调整，实现整个物流供应链的高效运营。

（三）智慧物流业务管理运营组织

智慧物流业务管理运营组织包括从事物流服务的各企业，既包括能够提供综合服务的物流企业，也包括提供其中某些服务的配送企业、仓储企业、运输企业、流通加工企业等。其运营过程中产生的大量数据不仅可供本企业处理分析，还能为中观和宏观层面的分析提供依据。企业之间信息的共享是企业协同合作的基础和必要条件，有助于提高物流作业效率，实现物流服务一体化。

第三节　管理技术分析

智慧物流极大地促进了物流产业优化和管理的透明度，实现了物流产业各个环节信息共享、协同运作及社会资源的高效配置。本节构建智慧物流管理技术框架，包括智慧物流商物管理技术、智慧物流供应链管理技术和智慧物流业务管理技术，在大数据、物联网、云计算等技术支持下，将其中的共性技术应用于专业领域，为客户提供更智能、更完善的物流服务。

一、智慧物流商物管理技术

智慧物流商务管理技术主要包括数据挖掘技术、相关性分析技术、聚类分析技术和预测技术。这些共性技术应用于各区域物流、行业物流和企业物流。

（一）数据挖掘技术

数据挖掘技术的核心在于根据数据仓库中的海量数据，选择合适的分析工具，应用统计方法、事例推理、决策树、规则推理、模糊集，甚至神经网络、遗传算法等方法处理信息，得出有用的分析结果。在大数据背景下，利用数据挖掘技术处理物流相关数据，发现深层次运营规律，及时掌握市场动态，调整相关计划方案，为客户提供更有针对性的产品和服务。

（二）相关性分析技术

由因果分析转为相关性分析是大数据的重要特征。在大数据背景下，利用相关性分析技术有利于探求和发现不同商品之间的潜在联系，有利于刺激客户潜在需求，带来增值利润。

（三）聚类分析技术

聚类分析是一组将研究对象分为相对同质的群组的统计分析技术。利用聚类分析技术对海量的数据进行分析，能够更加准确地掌握客户需求，有利于把握不同时期、不同情况下的趋势，为物流决策提供参考和依据。

（四）预测技术

预测技术通过探寻以往数据的特点和规律，对未来的物流趋势进行预测，作为优化物流节点和物流网络布局的依据。预测技术能够为客户提供更优质的物流服务，降低企业风险。

二、智慧物流供应链管理技术

智慧物流供应链管理技术由低到高可以分为三个层次，分别为供应链可视化技术、供应链协同技术和供应链优化技术。这些技术将应用于采购物流管理、生产物流管理、销售物流管理、客户关系管理等方面。

（一）供应链可视化技术

从订单生成开始流转到订单结束完成，企业希望能实时了解订单的状态、完成情况、货物的位置、状态及安全系数。智慧物流通过感知技术、捕捉技术实现人、车、货、库、路、店的整合，实现订单全程的可视、可控、可管、可追溯。

（二）供应链协同技术

在供应链可视和感知基础上，企业通过预先准备和计划，使上下游有效协同，减少不必要的时间和资源的浪费。智慧物流将通过物流供应链协同技术，解决企业配运、采购、供销等业务闭环问题，实现与承运商、供应商、收货方的配运协同、采购协同、供销协同。

（三）供应链优化技术

在协同基础上，企业能够通过大数据分析、优化决策等实现对物流供应链资源的优化配置和调度。智慧物流通过智能优化技术为企业提供采购方案、配运方案、供销方案等。

三、智慧物流业务管理技术

智慧物流业务管理技术包括资源整合技术、网络优化技术和信息控制技术等。这些技术将应用于智能运输、自动仓储、动态配送和流通加工等领域。

（一）资源整合技术

资源整合技术即将零散的仓储资源、运力资源等物流资源进行整合，统一规划，协调利用，使其发挥出更大的效能。整合不同企业的物流资源，能够突出不同企业的优势，达到整个社会物流资源的最优化利用，提供高效、一体化的物流服务。

（二）网络优化技术

物流网络节点和路线的规划对物流的整体运作具有重要影响。网络优化技术就是通过对已积累的大数据进行分析，对节点和线路进行规划和优化布局，以提高物流各环节作业的效率。

（三）信息控制技术

对物流信息的全面感知、安全传输和高效利用可实现物流信息管理到物流信息控制的飞跃。在大数据背景下，利用信息控制技术可实现对整个物流过程的实时控制。信息控制技术的应用可进一步提高整个物流的反应速度和准确度。

第四节　管理框架设计

大数据技术为传统物流业带来巨大的挑战和机遇。在大数据时代，需要对智慧物流企业的管理框架进行重新设计。

一、大数据背景下智慧物流企业发展模式

大数据不仅是一种技术，更多的是一种思维方式。企业利用大数据的进行经营管理，主要有以下三种模式。

（一）数据原始积累

大数据的基础就是数据的积累。企业只有通过长期的日常运营，才能获得最原始、最真实的数据，完成原始积累。数据的积累符合"飞轮效益"，即在积累的初期往往较为困难，很容易被忽视，而随着数据增长速度越来越快，累积数据量剧增，数据将成为企业的一笔宝贵财富，成为未来发展的基石。这些数据具有不同的类型，以格式化或非格式化的形式体现。

（二）数据优化业务

第一，对数据进行整合。分散的数据并不能产生价值，只有将这些数据进

行整合，消除数据孤岛，才能用现有数据挖掘所在行业的潜力，真正展现数据的价值。

第二，数据完整呈现。在传统管理模式下，企业的决策判断大部分基于经验。但在大数据时代，数据的积累和整合能将整个经营场景完整地呈现出来，数据在整个行业里的流动过程清晰透明，从而有助于科学、准确地进行决策判断。

第三，实现精准预测。根据数据的呈现，将传统业务进行整合，提高传统业务效率，实现对原有业务的优化，最终实现资源的最佳配置。

（三）数据整合产业链

数据不仅能够优化现有的业务，更大的价值在于数据能够成为新的生产要素，成为企业的核心资产。企业更加关注如何创造性地利用数据这一资产，挖掘出数据的最大价值，产生新的业务机会这一战略命题。当企业拥有了广泛的产业数据，就不仅拥有了对本行业基本信息的掌握和洞察，更重要的是拥有了其他企业没有的生产资料。拥有了大数据的企业将成为该产业的主导者和规则的制定者。

企业完全可以突破原有的行业疆域和边界，向行业以外扩展。从产业链的角度分析，企业可以实现向产业链上游的跃升，实现对产业链下游的控制，从而实现整条产业链的垂直整合。

二、大数据背景下智慧物流运营流程

智慧物流的运营需要运用物流信息的捕捉技术、推送技术、处理技术、分析技术和预测技术等，在大数据背景下，智慧物流服务呈现出一体化、网络化、移动化、智能化等新特点。分析其运营的全过程，智慧物流运营流程主要包括数据采集、数据存储、数据应用、客户服务等环节。

智慧物流的运营首先利用物流数据感知与采集工具，通过RFID、GPS、GIS、红外传感器等技术采集物流现场数据，通过移动互联网、有线网络、卫星等与云计算中心进行即时的、分时的或离线的数据交流；然后通过网络将物流数据传递到数据中心，所传输的数据包括普通物流数据、物流管理数据、物流金融数据和物流设备数据，这些数据以格式化或非格式化的形式体现；再通过虚拟化等技术实现物流数据的存储，运用数据分析、关联、挖掘等处理技术对数据进行计算、整合，对物流所需软件、设备、物资进行资源化管理、仓储管理、路径计算、运输管理、装卸管理甚至包括资金管理，并能够根据数据中心提供的数据整合掌握更加清晰的物流企业运营状态，为物流企业管理者掌握企业发展动态提供科学和翔实的数据；企业能够通过客户端应用程序获取物流相关信息并发布对应的措施，物流客户能够通过电脑、手机的客户端查询物资流通的具体状态。

三、大数据背景下智慧物流运营框架

传统物流体系具有成本高、效率低、决策缓等不足，早已不能满足现代物流的发展要求。物流信息多样、复杂使物流活动重复性高、信息追溯能力差，物流无法有效连接生产和销售环节，难以从日常交易数据中挖掘出更具价值的信息。随着客户需求的多样化、个性化，客户对物流服务的要求不断提高。

借助大数据技术，智慧物流能够分析过去的历史数据，检测现在的业务状况，预测未来趋势，为不同职责的人员提供更贴切的数据视图，为管理层的业务决策提供依据。智慧物流系统以为客户提供优质服务为最终目的，从宏观、中观、微观三个角度进行分析，形成完整的智慧物流运营框架。

（一）宏观层面：智慧物流商物管理

智慧物流商物管理以达到供需平衡为目的。根据相关规定，对商品及物品进行分类，统计不同品类商品的流量和流向。针对需求构建指标体系，建立合适的模型，通过对大量数据的处理分析发掘潜在规律，为优化物流线路和节点提供参考依据。

物流网络由线路和节点构成，物流网络是智慧物流运营的基础，通过网络设置实现对物流资源的优化配置。在大数据背景下，利用历史数据能够精准预测未来趋势，科学地规划节点的布局和线路的建设，还能够优化现有布局或路径选择，提升资源管控能力和资源利用水平

（二）中观层面：智慧物流供应链管理

智慧物流供应链管理是从企业物流出发。供应链管理是物流发展的必然趋势。供应链是指从原材料采购开始，制成中间产品及最终产品，最后把产品送到消费者手中的将供应商、制造商、分销商、零售商，直到最终用户连成一个整体的功能网链结构。智慧物流中供应链管理就是对整个供应链系统进行计划、协调、操作、控制和优化的各种活动和过程。

企业在进行采购、供应、生产、销售、回收等流程中，通过对协同合作、流程处理与使用者行为等进行分析，以业务整合与以用户为核心的观点看待整个物流流程，并立即针对分析结果进行反应，以达到提高供应链效率与消费者满意度等效果。

智慧物流供应链体现了整合与协调的思想，是一种全过程的集成化管理模式，从消费者的角度进行分析，通过企业间的协作，谋求供应链整体效果最佳化。在大数据背景下，数据在整个供应链中的流动过程清晰呈现，有助于构建

面向生产企业、流通企业和消费者的社会化共同物流体系，实施商流、物流、信息流、资金流的一体化运作。

（三）微观层面：智慧物流业务管理

智慧物流业务管理是从物流企业的角度出发，物流业务包括库存、运输、包装、配送等多环节。传统的物流服务仅限于提供一项或数项独立的物流功能，而现代物流，特别是在大数据背景下的现代物流，更关注于物流服务的一体化。智慧物流业务管理就是通过对物流业务的再造和优化形成精简化、核心化、高效化的流程。

在大数据背景下，实现对货物仓储、配送等流程的有效控制，整个物流过程可视化，在此基础上整合原有作业流程，提升管理精细化与协同水平，从而降低成本，提高效益，优化服务。

（四）智慧物流服务

为客户提供更加高效便捷的物流服务是发展智慧物流的最终目的。一体化、网络化、可视化、虚拟化成为物流行业发展的新趋势和新特点。一体化强调物流服务的便捷性和可延伸性；移动化基于移动互联技术的发展，满足物流信息时效性要求；网络化强调分散资源的整合，以实现资源的高效、充分利用；可视化基于先进的信息采集捕捉技术，使整个物流过程完整呈现，增加物流活动的可控性；虚拟化侧重物流资源共享和优化配置。

第七章　大数据时代智慧
物流的案例分析

第一节　大数据时代R市农产品
智慧物流发展策略

由于农产品的生产有其自身的特殊性，因此，在物流领域同样也具有不同的特性，常常与其他产品物流有着较大的区别。尤其是鲜活农产品，与非鲜活农产品和一般的常规物流，在贮藏、装卸、运输等方面有很大的区别。鲜活农产品的最大特点是易损，而且保质期较短，其产品价值与保质的效果、保质的时间、保质的质量有相当大的关系，在物流输运过程中，对运送条件要求较高，在筛选、清洁、分级、包装、预冷等过程中，对温度和运送时间的要求也很高。因此在物流过程中，要保持农产品的鲜活性必须尽量减少物流中间环节，从而降低农产品在流通期间的货品损耗，以利于货品新鲜质优，延长保鲜期。

植物类的鲜活农产品，最大的问题就是保鲜期短，极易变质腐烂，造成很大的损失和浪费，这就要求鲜活的植物类农产品以最快的速度到达目的地，以保证产品的新鲜性；活体运输的畜禽类要求在物流运送过程中注意观察，预防动物疫情发生和传染，活体水产品在运输过程类似植物类农产品，在运输环境不佳的情况下，极易出现活体水产品大量死亡的情况；蛋类、奶类、肉类产品也要做好防病防虫措施，防止在仓储输运等过程中变质。

当前，冷链的迅速发展和完善使植物类鲜活农产品的运输途中损耗大为降低，动物类鲜活农产品中除活体产品外，蛋奶肉类农产品所采取的运输模式也涉及冷链设备与技术，通过相关设备与技术的利用能够确保这些农产品的鲜活性得以保持，同时还能够降低农产品在流通过程中的损耗。而关于易于存储的农产品，该类农产品的物流特征与一般商品的物流特征相似，但要注意的是，在这类农产品中，部分易储存农产品还有其特殊性，不能与一般货品等同，例如粮食类，这类农产品无论运输、加工还是储存过程，都要求保证货品的干燥性和预防虫鼠害，保证货品不出现霉烂变质和虫鼠噬咬等情况。

一、大数据为农产品物流业带来机遇与挑战

（一）应用大数据的必要性分析

由于新型技术的不断发展，敏捷化、网络化、信息化、智能化的物流系统会带来各种各样的数据。在农产品冷链物流中，要求更多地查找和使用大量的数据，通过挖掘拥有价值的数据来帮助农产品物流行业快速发展，提高物流效率。

1.建立可追溯系统，保障质量安全

关于农产品信息的源头，可通过追溯大数据平台将源头找出，通过互联网技术的应用建立智能追溯系统。

首先，重视农产品从播种到运送给最终顾客的全部信息，建立信息追溯网，通过反向溯源、正面追踪等方式，确保农产品高质量地配送到消费者手中。可通过农产品编码实现农产品物流全过程跟踪。农产品的编码主要有以

下四种类型：

①产地码：表示农产品的来源地；

②农户代码：表示种植者的全部信息，包括种植者姓名、农场名字等；

③生产周期代码：表示农产品从种植至销售整个时间周期；

④运送过程附属码：表示农产品投入物流配送后每一个产品单独形成一个编号。

编号使用能够保证每一个农产品均可根据独特的"身份信息"进行产品跟踪，保障产品的质量安全。

其次，要设立一个农产品质量跟踪平台，设立完善的农产品质量监管制度，通过信息技术的利用，让农产品从种植到销售全过程均实现数据化监管，农产品信息监督者可通过手机App的方式进行农产品质量跟踪了解。

最后，生产检查应实现透明化。充分利用大数据的优势、互联网技术，将每一个生产地区内的生产信息资料实现透明化监督，结合标准化生产档案资料的透明化监管体系的使用，可以随时观察农产品的种植、肥料的应用、农药的投入等问题。

2.全面统筹农产品冷链物流运输

使用GPS、互联网信息车载等运送监管手段，采用查找数据和处理，全方位提升农产品的运送速度。要设立车辆的身份证体系。使用车辆身份识别体系可以精确辨别身份的真假，避免不法分子使用不合法的证件骗车、骗货，可以很好地减小农产品承运方经营及运输、第三方物流公司、送货中心等风险，保证产品的安全；对运输车辆实行全程透明化管理，运输当中的司机状态、行驶路线、货物装卸状态、运行速度等，都可以通过使用远程观察地理定位，适时地对运送车辆进行实时监督；实现农产品冷链物流全过程的监督与管理，通过GPS技术能够对物流车辆位置进行准确定位，并且能够及时了解车内的温度、湿度是否能够满足运输需求，同时使用智能车载体系，随时把冷藏车辆的温度等技术参数传达到监控方，消费者可利用互联网技术对冷藏车辆相关参数予以掌握、了解。

3.优化配置农产品仓储资源

应全面掌握类别不同、存储方式不同的农产品存储数据，这样在农产品存储数据安排上才能体现科学性、合理性。首先，应对仓储安全的操作进行有效的监督与管理。仓储操作包括保管、装卸、验收、货物入库期间农产品初加工、制冷保鲜、防虫用药等。通过大数据的挖掘与利用，将仓储资料合理安排，确保农产品仓储使用效率得以提升。其次，仓储环境参数应实现透明化，可以随时观看仓库内温湿度的改变、是不是有不好的情况发生，假如有不好的情况发生应立即启动报警装置，此时仓库监督工作的开展也能获得更多有利数据，更能体现仓储管理信息化。

4.优化农产品配送线路

现阶段物流配送杂乱无章，冷链不稳定，没有一个共同有效的配送智能化体系的平台来做支柱，没有设置一个成熟的协同、分享机构。把公司自己的数据和其他公司的数据有效共享，采用大数据解析，设置统一的配送机构，可以给配送机构配备一致的信息体系，把所有单独的配送网络容纳进来，整体提升送货车辆的使用率，避免出现冷链断链的状况，达到无耗损的要求，提升送货的整体效率。

（二）大数据带来的机遇

根据农产品的经营流程，农产品涉及的数据资料大体包含产前经营、产中经营、产后经营，三个环节层层相扣。

把大数据和农产品结合起来，可具体分为如下几个方面：产前经营侧重土地信息、农业金融、农资电商等方面；产中经营侧重农具设备、种植技术等方面；产后经营侧重农产品物流，主要指包装储存和加工销售等方面。

我国现在的状况与外国有所不同，农业发展一般较重视产前和产中的经营阶段，忽视产后经营。农产品在产前、产中经营虽也需运用大数据来提升其科学性，但在现有基础上其产出相对较稳定。但农产品的产后经营，即农产品物流环节损耗严重、效率低下，销售也不能达到优质优价的目的，已成为制约整个农产品行业发展的限制性因素，但是这个环节又恰恰是整个农产品环节的最大附加值所得。有关资料显示，在农产品经营的总成本中，至少有65%的成本费用是用于物流过程的，所以农产品的"后半段"经营是至关重要的。

1.建立智慧物流的基础和关键

当前，我国物流产业增速放缓，传统的发展方式难以满足现代经济发展的要求，也不足以支撑现在规模的扩展。迎合时代发展趋势，传统的物流业将积极拥抱互联网，在往后发展中逐步平台化。大数据则是物流平台的坚强后盾，它所蕴含的数据资源能够推动物流领域步入新的发展阶段，最终目标即达成全球物流资源的共享机制，使用集成信息技术即智慧物流，实现物流电子化、信息化、智能化。

2.突破农产品物流发展瓶颈的利器

由于农产品的特殊性，农产品物流往往存在着高风险、高损耗、程序复杂等多重特点，因此整个农产品物流行业存在着极大的运营成本。若能够更充分地利用物流数据中蕴含的价值，农产品物流行业的运营成本必然能够有效降低，也能够推动农产品物流行业的快速发展。

3.未来农产品物流业发展的必然趋势

今后农产品物流行业的竞争会越发激烈、市场也会更加灵活多变，企业若要在激烈的市场竞争环境中赢得竞争优势，只有充分利用大数据技术，挖掘大数据的内在价值。

首先，物流每一个节点的信息需求在不断增加，必须通过大数据把物流和额外服务结合起来，缩短送货时间，减少耗损。其次，物流信息的智能化势必会成为经营的核心。最后，以往按照市场调查和个人经验来做规划已经跟不上数据化的发展步伐了，现代农产业的发展必须要用大量的数据进行整合探索，做出正确的市场预估评判，这才能够适应市场发展。所以，大数据才是农产品物流行业自身经营和发展的基础。

（三）大数据带来的挑战

大数据时代下的农产品物流虽然面对着大好的机遇，但是在新的时代背景下，农产品物流存在着更多的困境和挑战。只有将存在的问题逐一落实，把农产品物流的潜在价值挖掘出来，才能更好地将大数据与农产品物流相结合，推动农产品物流行业发展。

1.数据源实效性问题

农产品物流行业想要从杂乱无章的数据源中得到高标准的数据并进行合理的融合，是一个艰难的过程。在查找数据方面，因为农产品流动性强、流动环节复杂，因此很难获得精准的数据。

数据的质量好坏大多体现在数据属性不一样、数据重复、数据不精准、数据不完善、属性丢失等，进而导致数据信息的不准确，影响信息化建设效果不达标、结论出现错误。假如没有办法控制数据质量，若还对这些数据进行使用必然会产生负面影响。假数据的危害相比于没有数据的危害大得多。

2.供应链数据协同化问题

农产品物流供应链存在环节过多、复杂性较高等特点，每一个环节都需要很多的数据。一方面，供应链数据无法实现实时共享，供应链中的企业数据收集、共享、使用等问题一直存在，导致大数据无法有效使用。另外对于企业而言，若没有数据源头支撑也无法持续有效地利用大数据。另一方面，公共使用共享数据不容易实现，数据整合的难度非常大。例如气象单位对天气预报数据的汇报，这是对农产品进行探索不可或缺的资料，但很多数据是不公开的。再如，在农产品收获的时候，物流经营者得不到生产及运输的资料，这就影响物流的运输速率。

3.数据标准化问题

大数据的出处有传感器、物联网、数码设备、移动互联网、互联网、商业记录、行政记录等。其一，很多的数据基础称谓和编码还没有统一。目前尽管企业的数据和政府统计的数据按照一定的规则和要求，但是对数据交换、数据储存与记录、数据收集还没有一个确定的要求。其二，数据采集设备与互联网等的数据均属于非结构化或半结构化，这和当前使用的结构化有很多的不同。所以，怎样把数据的基本术语和编码统一化，怎样把非结构化和半结构化的数据和结构化的数据整合，还需要进一步的研讨。

4.数据管理人员问题

实际上人才的竞争才是农产品物流业的关键竞争，物流行业发展的关键要素是人，只有使用专业素养高的管理人才才可以确保大数据的质量。目前农产品行业管理的高素质人才是非常短缺的，这类人才不但要了解数据分析技术和数据整合，还必须明白农产品物流要求和特性。

二、R市农产品物流的现状分析

（一）R市农产品现状

1.R市农产品生产现状

R市是传统的农业大市，是全国著名的商品粮基地和淡水养殖基地，特色品种多、生产规模大、农产品资源丰富。主要的农产品有水产品、肉类、水果、蔬菜、粮油等，仅蔬菜种植面积就达30万亩。

目前R市农产品生产主要有以下几个特点：一是产量持续保持增长态势，二是农产品生产集中性逐步提高，三是生鲜产品每年都在增加。

综上所述，市场消费总量和农产品生产量大致一样，但是由于信息共享不一致和生产技术落后等原因，存在农产品大市场和小生产不对等的问题，从而影响了R市农产品的销售。

2.R市农产品消费现状

农产品消费的四个方面：第一，农产品消费总量还在不断提升。城镇化因素导致R市城区常住人口越来越多，近几年蔬菜、水果、肉类、水产品等农产品需求逐年上涨。第二，消费方式由"实体"转向"虚拟"，人们习惯通过电商模式进行农产品消费，播种上也由化肥促、激素控的产量农业转变为有机生态的绿色农业，以健康营养、功能食品为最佳需求。第三，消费者更加注重农产品的新鲜性和安全性，因为农产品容易腐烂，人们对农产品质量问题越发重视。

综上所述，R市的农产品消费总量在不断提升，消费模式也从单纯的线下消费转向线上消费，在生活水平和物质条件不断提升的情况下，人们对农产品的质量提出了更高的要求。

（二）R市农产品物流现状

1.发展农产品物流的环境

（1）运输业现状

公路运输。R市地理位置优越，位于鄂中腹地江汉平原，西达荆宜，东到武汉，南接江汉黄金水道，紧挨着107、318国道和沪蓉、沪渝、武荆高速公路。作为武汉"1+8"经济圈城市之一，含有构成公路货运核心的货源，但整个市内公路货运的龙头企业较少且不成规模，货运市场整体发展存在"弱、小、散、乱"等情况，严重阻碍了现代物流行业的持续快速发展。

铁路运输。长荆铁路运行的武汉至宜昌城际列车在R市设停靠站点，货车在该站点年装卸量近6万吨，装卸量每年都在提升，发展形势良好。

水路运输。R市的通航里程共有339.4公里。其中汉江里程达到142.2公里，目前是11个港口，其岸线长43.5千米，其中有1个港口年吞吐量超出50万吨，有2个港口年吞吐量在20~50万吨之间，有6个港口年吞吐量在10~20万吨之间，只有2个港口年吞吐量不足10万吨。

（2）电商发展现状

R市引进了阿里巴巴、中国特产网等全国有影响力的知名电商平台。与阿里巴巴签订了电子商务进农村的战略合作协议，共同在R市实施阿里农村淘宝项目，建成市级营运中心1个，镇级中心服务站7个，村级服务站33个。农村电商平台、物物交换平台、电商孵化基地农产品批发市场电商平台相继建成，形成全市电商发展的新格局。

（3）仓储业现状

全市现有仓库绝大部分设施简陋、陈旧且地处城区，已不能适应物流业和城市发展的需要，仓储业市场发展空间巨大。

（4）配送业现状

近几年，R市加工制造企业规模逐步扩大，同时也初步形成了一条产业链。物流园建设逐步建成，制造业、服务业的多功能配送中心陆续开放使用，配送行业也正逐步实现迈向新的发展阶段。农产品批发市场也正持续快速发展，步入更新换代的阶段。

（5）快递业现状

快递业发展势头迅猛，申通、中通、圆通等知名快递企业已落户R市。一方面，随着经济的发展，城市建设脚步加快，快递行业也因此迎来发展的第二春；另一方面，由于城乡综合快递网络还未形成，一定程度上制约了快递业的发展。

（6）物流信息现状

大多物流企业都是用电话联系的，物流运输信息化程度不高，供需双方未实行市场化运作，无法形成低成本、低能耗的高效快捷模式，仍做不到直达、联运、一站式、一票到位的效果，所以信息服务平台的建设亟待解决。

（7）经营现状

大多物流企业都是货运代办的模式，主要以零担快运和整车配送相结合的联合托运为主，信息和货物配载功能较单一，严重影响货运量。

2.农产品物流的特征

发展至今，农产品物流行业由于面临区域供需布局的逐步改变，面临着农产品流通量提升、流通损害成本不断增加和政府对农产品质量安全方面的保障举措难以有效落实的多重压力。R市农产品物流具体呈现以下四点特征：

①区域性显著。R市的农产品主要对外销售，区域性的农产品流通局面逐步形成。

②生鲜产品多。生鲜产品属于农产品里面对气候、温度、湿度等存储和运

输条件要求较高的，R市对外输出的农产品里生鲜产品数量较多，且持续增长。

③季节影响大。在收获季节，同类农产品需集中起来对外销售，而销售季节与市场需求之间的矛盾需要通过优化存储环节予以解决。

④安全性更受关注。随着人均收入的增加，人们生活水平的提高，消费者对农产品的质量更加注重，对物流的要求也更高。

（三）农产品物流面临的瓶颈

就R市目前状况而言，农产品物流水平比较落后，整个物流过程中过多的流通环节导致流通损耗较大、流通成本过高，这些成为当前阻碍该市农产品物流发展的瓶颈，其主要表现在以下几个方面：

一是基础设施陈旧，信息化水平落后。R市物流业兴起的时间并不长，缺乏先进的物流网络基础设施，网络信息化断层现象严重，信息平台和信息标准也比较杂乱，故无法顺利应用高新物流技术，在信息化建设上无法融入智能化思维。缺乏信息资源共享机制，不能及时获取物流信息，物流供应链上对应的上、下游企业不能及时沟通，也无法进行有效规划。另外，由于信息不对称，农产品生产者无法及时获取有用信息，多数情况下只能凭借以往经验或收集的"小道消息"来对来年的生产结构进行规划，这就容易导致农产品出现供需矛盾。

二是物流系统缺乏组织性，无竞争力。农民合作社、企业、个体农产品商贩是R市农产品物流组织的重要组成部分，大多物流企业分布散乱，运输配送车辆在公路、街道上随意停放、装卸。物流企业尽管数量较多，但规模较小，无法成为农产品供应链中的核心企业，更无法实现规模效应。整个物流配送的过程中，数量众多的小物流主体参与进来，整体工作效率低下。

三是信息不通畅，无法有效进行统一协调。由于农产品物流各区域之间的信息流通缺乏沟通机制，"信息孤岛"问题十分严重。各企业之间的信息无法同步，难以对整个供应链进行协调规划，造成企业无法快速跟随市场变化，无形中削弱了企业的竞争能力。

四是农产品产后质量安全管理难度增大。农产品的市场预警体系、检测系统信息发布制度还不够完善。生产方面缺乏诚信制度，不能有效进行质量跟踪，引发了一系列农产品质量问题。一部分没有责任心的供应商、物流企业片面追求利益最大化，忽视产品质量，是引发农产品质量问题的重要原因。目前R市整个农产品物流环节尚未实践实现规模化、专业化、程序化及规范化。

三、R市"大数据＋农产品物流"策略

互联网时代，农产品物流数据持续快速增长。为了更好地开展农产品物流信息管理工作，大数据技术的应用至关重要。要想提高农产品物流效率，就要主动顺应时代和市场的发展趋势，积极谋划"大数据＋农产品物流"的策略方案，充分利用现有的资源优势，通过重构城乡物流网络，形成各个部门相互连通的数据平台；完善多方企业合作机制，引导多方企业积极参与物流平台建设，以优势互补、合理竞争的合作模式，提升农产品物流经营效率；统筹农产品物流各环节，以提升效率、降低成本为目标，打造智慧物流；运用智能追溯系统，保证农产品质量安全。综合上述方式方法，化解当前的困难与阻碍，打造R市更大的农产品物流体系生态圈，实现农产品经济效益的提升。

（一）重构城乡物流网络

根据区域城乡物流和经济一体化发展要求，建立大数据物流信息平台。该平台的最大特点便是实现区域统一，通过物流网络实现各个地区之间的物流信息资源共享，便于城乡物流网络资源要素的流通。通过物流资源的整合，实现周边辐射。在信息平台的基础上，实现区域内所有物流主体、个体之间的整合，使得生产、物流、销售、配送实现一体化，彼此之间实现资源以及信息共享，提升效率、降低成本。

1.重构基础设施体系

物流对于产业的发展意义重大，因此，调整完善城乡之间的物流体系对于整个R市的经济发展和产业结构调整十分重要。基于R市当前的情况，可以通过调整优化当前已有的交通道路资源以实现整体的升级完善；对当前已有的物流枢纽也进行调整完善，具体包括各个物流点、仓库以及通信系统等多个部分，推动现代物流业整体协调发展。

2.重构物流配送体系

就当前而言，城乡物流资源主要以供销社、中国邮政等国有网点，以及中通、圆通、申通、顺丰等民营物流网点为主，可以通过对这些物流网点的整合实现整体的优化。除此之外，可以尝试建立一套较为完善、更加适用于农村地区的物流体系，最终实现城乡物流配送一体化。

3.重构物流信息体系

原有的农村物流平台相对较多，而且在运营的过程中存在诸多问题，如丢件、服务不及时、物流信息不全等，可以在这些方面进行全面的整改。在大数据的基础上，整合多个物流平台的信息，建立评价体系等，使得城乡物流信息体系更加完善、透明。

（二）完善多方企业合作机制

一是依托R市农产品优势，积极导入"互联网＋实体农产品批发市场"的经营战略模式，搭建农产品电商交易平台，充分发挥电子商务快捷、直接、低成本的营销优势，整合市场需求，扩展农产品交易渠道，吸引更多有相同需求的企业加入平台。同时积极引导农产品电商经营小微企业入驻线上平台，扩大销售范围，形成具有核心竞争力的大物流平台。当然，在设计平台参与各方企业利益分配方案时，要综合考虑各方的实力高低、贡献程度、风险大小等各方面因素，遵循公正、公平和公开的"三公"利益分配原则，建立科学合理的模型，形成一套可以使各方都能接受的利益分配方案，为企业合作机制提供制度保障。

二是通过建设农村电子商务服务点、物流仓储和配送服务中心，适应当前农产品线上消费的发展趋势，突破农村网络基础设施、电子商务操作和物流配送等瓶颈制约，建立健全农村电子商务服务体系。

三是逐步将B2C模式转型为B2B模式，引导农户通过农商城与酒店、学校等签订长期配送合作服务，实现虚拟市场与实体市场、线上与线下交易的有机结合的运营模式，摸索出一条农产品电子商务发展的新路径。

（三）统筹农产品物流各环节

统筹农产品物流各环节，即站在整体的角度对物流运输进行全面的规划。可以利用当前较为发达的信息通信技术、定位技术、导航技术及物联网技术等，对整个物流运输的过程加强把控，提升运输效率。

首先，要给每个运输车辆定义标签，对车辆进行认证，在开展物流运输的过程中基于该标签进行车辆识别、认证。这将会在很大程度上避免物流运输过程中的骗车骗货现象，能够进一步降低运输企业的经营风险。其次，加强对车辆的监管。通过定位、导航系统，以及车载物联系统实现车辆运行实时可控，保证车辆在运输的过程中能够第一时间反馈相关信息。最后，实现对车辆冷链的监控。冷链对于部分农产品的运输十分重要，可以利用仓储物流先进技术，配套采用安全、节能、环保的制冷系统，提供高效的冷链物流服务。同时，通过对车辆加装感应器等途径，配合车辆智能系统，实时反馈车辆冷链状况以及各项参数，使物流中心也能够实时掌握车辆冷链状况，从而降低因冷链问题所带来的物流风险。

加强仓储方面的统一规划管理。在大数据的基础上，实现对农业生产过程中生产物资、农业产品等的存储统一管理，提升管理效率，降低存储成本。首先，加强仓储的全面管理。对各个仓库实行集中、全面、全过程的管理监控，从生产物资以及农产品的入库、数据收集、加工以及其他事务的监控等方面，保证所有步骤都可控、可查询，最终实现整个存储过程的可控，就算出现事故或者其他问题，也能够做到有迹可循，以此保证农产品和生产物资的安全；其次，逐步实现仓储可视化，即通过加装传感器以及增加智能化系统，保证能够实现对仓库的内部环境的实时监控，主要监控内容包括仓库内的温度、湿度等，若仓库内的环境突然发生较大变化，相关参数超出了设定的标准，那么系统会自动提示甚至及时自行做出调整，这样就可以实现仓储管理的智能化，提升仓储管理效率。

（四）控制农产品质量安全

建立追溯系统，采用大数据技术，通过对农产品数据、信息的收集整理，统一汇集到数据中心，并将农产品信息与物流信息相互结合，最终实现农产品可追溯，一旦农产品安全出现问题就能迅速找到源头。如此一来，就能在农产品运输、销售的过程中，实现从农产品的来源到销售期间任何阶段的农产品信息的透明化，这对农产品的质量安全把控起到了很大的作用。

要实现农产品可追溯，可以采取以下措施：

一方面，为农产品建立档案。通过编码的形式给予农产品标签，编码可以由字母、数字等信息组成，在确定编码的过程中可以参考我国身份证编码的方式，对编码的每一个部分信息赋予不同的意义。农产品编码应当包含的信息有生产日期、产地信息、生产者信息、物流信息等。除此之外，生产资料的信息也可以编制在内。如此一来，编码就包含了农产品的生产资料相关信息、生产者、物流信息以及销售状况等，一旦农产品任何问题，就可以实现即时追溯，找到问题根源。

另一方面，建立信息平台。这点可以借鉴当前发达国家在食品管理方面所取得的成就。通过信息平台以及上文所说的对农产品赋予编码的方式，使得农产品的生产、销售过程都能够通过编码在信息平台上进行查询，也可以在农产品上打上二维码，消费者扫码即可看到农产品生产的相关视频。通过在生产端及产地加装摄像头，利用互联网技术以及已建立的平台，对生产过程中的每一个步骤实施监控，并公开这些监控，如农业生产过程中的耕作、施肥、收割等步骤，消费者、经销商等可以通过公开的平台，查询到农产品的详细信息，实现农产品生产、销售的透明化、可监控化，最终使得消费者对于其所购买的产品了如指掌，也能够让消费者更加放心地消费。

四、构建R市"大数据＋农产品物流"的实现路径

想要切实解决R市农产品物流面临的困难与问题，就要有行之有效的保障措施。通过具体分析R市的实际情况，研究得出，要坚持以"政府引导、行业推动、企业运作、整体规划、分步实施"为原则，从政府层面引导农产品物流布局、从行业层面带动农产品物流发展、从社会层面重视人才培养三个方面着

手，构建商流、物流、信息流、资金流高效运转的物流枢纽，以现代物流理念和技术改造提升传统物流，逐步实现传统农产品物流向现代农产品物流的转型升级，构建R市"大数据＋农产品物流"体系。

（一）从政府层面引导布局

1.合理布局农产品物流

积极发挥市场配置资源的基础性作用，加强政府统筹规划和产业政策的宏观指导，为现代物流营造良好的发展环境。第一，在农产品物流行业执行统一的标准和规范，想要实现现代化物流管理就必须要有一个标准的管理体系，这也顺应了大数据的时代背景。不论是产前和产中阶段中的各个环节，还是产后运输阶段、仓储配送过程中的每个细小的环节，都需要有一个严格的标准制度来进行规范，只有这样才能优化农产品物流运行效率。第二，落实相应优惠政策，大力扶持数据加工处理企业快速发展，如实行财政奖励、税收减免等政策；第三，以政府为切入点，以R市城区为中心构建现代物流核心圈，建立合理完善的管理机制，提倡共享信息资源，为农产品物流打造科学、合理的产业格局，以物流一体化促进区域经济协调发展；第四，健全农产品质量监测及安全预警体系，加大对农产品物流进行监督管理的力度，确保农产品质量合格。

2.分区域稳步实施

R市各区域经济发展不平衡，因此对农产品物流进行规划时要实事求是、分区域稳步实施。可以率先将农产品大数据策略在经济发展较快的区域推广实行，规划农产品物流未来发展方向。

首先，以身份编码的方式对绿色农产品进行标记并且录入网络系统，可以确保有质量问题出现时，及时追溯责任人；其次，根据区域内农产品的运输需求及区域内物流状况，对当地的农产品物流进行适当的调整，以满足农产品的实际运输需求；最后，促进农产品企业与物流公司之间的合作更加融洽，实现共赢。

对于较偏远的地区来讲，相关单位和企业的首要任务是建立起与物流相关的信息化网络平台。如今的R市互联网网络覆盖的区域不全面，个别偏远乡村还未实现互联网全覆盖，因此存在网络信息化断层问题。想要促进经济落后区域物流的现代化发展，必须扩大互联网覆盖区域，在农村建立完整的信息化网络平台。所以，有关政府和领导要将农产品物流纳入全市经济社会发展规划，积极促进交通、农业等部门之间的相互沟通，倡导各部门建设先进的信息化网络平台，相互交流，共同分享资源和信息。同时，政府有关部门也要着重鼓励专业人才投身于农村物流的现代化建设中，进一步加快物流企业的发展速度。

（二）从行业层面带动进步

1.积极推进物联网、云计算等技术的应用

物流是农产品发展的关键所在，提升农产品的物流效率刻不容缓，故而要提升物流效率，就要提升物流信息的管理能力。首先，要健全农产品物流业基础信息的数据采集和处理系统；其次，要加快EDI、RFID、GIS、GPS等先进信息技术在农产品物流中的推广，整合业务流程，建立农产品物流综合信息平台，实现物流产业的信息化发展，在农产品交易中心、农产品物流园区内建设智能全自动信息技术；最后，为了保障信息化进程的顺利开展，还要全面提升农产品物流监管水平，加快农产品物流信息安全全程监测体系建设。

2.加强物流主体组织化程度

在农产品生产方面，要对农民进行培训教育，增强其先进物流意识及市场经济理念，同时加大信息技术应用推广力度，有目标、有针对性地引导农民获得农业市场相关信息，改变其原有的发展思维，加强对现代农业知识的灌输，

支持、鼓励农民发展农场等现代农业模式，全力实行"合作社＋农户"模式，尝试全新的"公司＋基地"的管理形式，加大绿色农产品认证覆盖区域，巩固、完善绿色农产品标准化生产基地。

在物流主体方面，应当通过扶持当地龙头企业的发展，打造高效的农产品市场流通体系，建立为"三农"增值的生产链、为民生降成本增品质的供应链，在农产品冷链物流、仓储配套等设施运营上起到良好的作用，提倡农产品企业通过重组、联盟及合并的形式增强竞争力，鼓励龙头企业与农户建立多方位的合作关系，构建成独立经营的物流企业。全力支持第三方农产品物流企业快速发展，提升整个农产品第三方物流的服务水平，促进其与农产品企业之间的合作交流，同步进行资源优化，壮大整个农产品物流体系的规模，使其更加有组织性，提升物流信息化管理水平。通过对物流体系的不断完善发展，引导物流体系实现全面发展、信息化发展和智能化发展的道路，带动农产品物流体系的高速发展。

3.建立完善的农产品生产、物流标准体系

就当前而言，标准化对于物流产业的发展具有重要意义，同时也是保证农产品质量的重要影响因素之一。高度社会化是大数据背景下对现代物流系统的最基本要求，只有建立标准的物流体系，才能确保整个农产品物流体系能够发展成有组织性的智慧生态圈。不论是生产阶段中的各个环节，还是在运输阶段、仓储配送过程中每个细小的环节，都要制定严格的规则、标准，推行规范化的运作模式。具体而言，不同环节需要遵守不同的规则、标准，如农产品生产阶段的安全生产准则、分级制度，运输阶段的运输方式、存储标准等。因此，想要实现高水准的物流系统管理水平，就必须制定并严格执行用于物流系统中每个环节的行业标准，使物流系统变成高度协调统一的有机整体。

（三）从社会层面培养人才

人才是促进农产品物流发展的首要因素。目前，R市农产品物流方面专业人才的缺失是农产品物流发展道路上的一块绊脚石。当务之急就是要全力壮大专业人才队伍，加大力度对农产品物流从业人员进行岗前培训和在职培训，让先进物流理念及市场经济观念深入人心，注重向大众普及信息技术，开拓农民的思维，提高农民的信息化水平。农民处于重要的生产环节，相关单位要为其搭建便利的信息获取平台，在专业理论知识和经营实践等方面，对他们进行相关的技能和业务培训。比如，可利用电子商务激发农民的积极性和主动性，逐步实现农产品物流的标准化、专业化、可视化，加快传统农业生产模式的转型升级，最终为农产品物流业的发展提供有力支持。

此外，要完善人才引进机制、用工制度和人才流动机制，建立系统的人才构建计划，鼓励R市职业学院培养农产品物流管理人才和专业技术人才，与农产品物流企业、有关部门、科研院所、行业协会等深度合作，设置科学合理的专业课程内容，与企业需求、职业标准对接，探索形成联合培养物流人才的模式，培育一批懂管理、懂技术的物流业复合型人才队伍。

同时，也要向社会大众普及智慧物流的运营模式。要加快速度发展有组织的农产品物流体系，让各物流企业及农民都能够充分认识到智慧物流"高速路"和"直通车"的巨大优势，认识到现代科技可以加快农产品的销售速度。而想要建设先进的物流网络系统，就得要先让大众具有先进的物流理念，使相关行业人员明白，只有将大数据思维融入现有的物流基础，完善各个等级的物流配送网络，构建现代先进的物流运营体系，才能最大限度地提高农产品的价值。

第二节　D供应链服务商智慧物流模式的
应用及绩效管理

供应链是由供应商、制造商、分销商和消费者等环节构成的网络。供应链可以分为外部供应链和内部供应链。外部供应链指的是供应商、制造商、零售商和消费者等参与到企业产品的整个生产和流通过程而形成的供需网络。内部供应链是一个由企业的采购、生产、仓储、销售等部门构成的供求关系网。

一、D供应链服务商智慧物流模式分析

（一）D供应链服务商的基本情况

D供应链服务商于2007年作为集团的一个部门成立，2012年正式独立为公司，2018年获中国物流行业最大单笔融资（约25亿美元），2021年5月在香港联交所主板上市。D供应链服务商的宗旨是"技术驱动，引领全球高效流通和可持续发展"，致力于成为全球最值得信赖的供应链基础设施服务商。

一体化供应链物流服务是D供应链服务商的核心业务。目前，D供应链服务商集中在快消、服装、家电等行业，为客户提供一体化供应链解决方案和物流服务，通过优化库存管理、降低运营成本、高效分配内部资源等方式，以求获得新的发展。D供应链服务商目前已经形成六个高度协作的网络，包括仓储网络、综合运输网络、配送网络、大件网络、冷链网络及跨境网络，具备数字化、广泛性和灵活性的特点。

D供应链服务商秉承"体验为本、技术驱动、效率制胜"的核心发展战略，

通过不断积累创新创业经验和长期技术投入所带来的数智化能力，不断向实体经济开放，服务实体经济，持续创造社会价值。

（二）D供应链服务商智慧物流模式的实现路径

1.明确一体化供应链物流核心赛道

2021年，D供应链服务商明确了一体化供应链物流的核心赛道。D供应链服务商明确表示，其一体化供应链物流提供的快速物流并不是单纯配送速度快，而是尽可能地减少物流环节，缩减时间。首先，对客户的商品销售和供应链进行充分的了解；其次，利用供应链技术对存货进行合理规划，放置在各大仓库；最后，根据对消费者历史数据的分析和预测，将商品提前放置在离消费者最近的仓库，而不是等到消费者下单再进行分配和运输。通过这样一系列操作，能够打好"提前量"，最大限度地减少搬运货物的次数，缩短配送距离，从而达到高效履约的效果。另外，从客户的角度出发，根据其所处的行业与可能发生的业务，通过分析历史销售、库存、成本等数据，D供应链服务商为其提供供应链战略、规划、计划、执行的全方位解决方案。方案包括供应链模式优化和供应链高效执行，二者都有强大的供应链技术作为支撑，能够帮助客户提升现货率、提高存货周转率、提高履约效率、降低运营成本等。

目前，市场的多重变化驱动着一体化供应链物流的需求快速发展，D供应链服务商明确此赛道，有利于其增加营业收入、提高知名度。

2.构筑三大能力基石

为了完善智慧物流模式、支持一体化供应链物流服务、为客户优化供应链管理，D供应链服务商构筑了三大能力基石——以仓储为核心的高效协同物流网络，以数据和算法驱动的运营自动化、管理数字化和决策智能化能力，以及基于需求理解的行业洞察力与解决方案的能力。

在现实世界中，D供应链服务商构建了以仓储为中心的六大高效协同物流网络，已覆盖了我国几乎所有的地区和人口，并且在海外也有所涉及。D供应链服务商在全国运营的大小仓库超过1 300个，总管理面积达2 400万平方米，超过20万名配送人员确保了物流最后一步的服务质量。通过这样一个物流网络，D供应链服务商能够实时监控物流的各个环节，保证各环节的顺利运行。

在数字网络世界中，D供应链服务商建立的三个模块分别是科技产品、解决方案和供应链生态，它们贯穿于整个物流环节和场景中。科技产品包含了物联网、大数据、人工智能等技术，这些技术在仓储、分拣、运输和配送等各个环节都发挥着自己的作用，并且为每一个物流环节都添加了自我感知、学习和决策的能力，以达到精准预测、智能决策和准确执行的目标。D供应链服务商的供应链生态包含了供应链中台、数据算法中台和云仓等，这些生态系统通过排列组合"搭积木"的方式，形成智能的一体化供应链解决方案，能够为多个行业提供一体化供应链物流服务。

行业洞察力是D供应链服务商多年接触数以亿计的消费者而积累下来的竞争优势，它也是支撑D供应链服务商一体化供应链物流服务至关重要的能力。行业洞察能力可以帮助D供应链服务商探究行业情况和发展状况，分析客户和消费者的行为，进而有针对性地优化算法。通过这套算法，能够帮助客户有效提高供应链管理水平。

3.输出供应链技术

安利于1995年进入中国市场，经过多年的发展，其供应链网络已广泛分布于全国各地。2014年安利提出数字化、年轻化、体验化的供应链战略转型方向，但实际效果低于预期，供应链管理仍然面临巨大挑战。2017年，D供应链服务商开始与安利合作，承接了其在中国部分地区的物流业务。D供应链服务商为安利提供店铺智能补货服务，覆盖华中、华北、东北、西北四大区域。随后，二者展开了深入合作。2019年，D供应链服务商为安利开发了销量预测与智能补货调拨系统，协助安利做好工厂到仓、仓到仓、仓到店的补货和调拨业务。在向安利输出供应链技术的过程中，D供应链服务商帮助安利降低了10%的物流成本，减少了50%的人工成本，周转天数及存货分别减少了40%和65%，库存成本降低了20%，现货率达到99.8%。

雀巢集团在中国持续致力于数智化基础设施建设和供应链创新升级。雀巢于2016年3月与D供应链服务商共同发起了"联合预测与补货"项目，以支持雀巢未来的供应策略、生产计划及原材料采购等。2016年9月，雀巢实现了食品饮料产品由全国各大仓库直接送达D供应链服务商全国八大仓群，除去了经销商这一环节，节省了许多成本，极大地减少了供应商品的时间，加快了供应的反应速度。雀巢的供应速度从以前的五至八天，缩短到两至三天，线上有货率从73%提高到了95%，线上销售额提高了5%。

2020年雀巢集团与D供应链服务商在天津共同建立并运营了一个大型智慧物流中心。该中心承担了雀巢商品的入库、仓储、分拣、运输、配送、线上、线下的全流程业务，实现不同渠道、不同省份之间货物流通全链条的可视化管理与控制。通过供应链技术的加持，中心的工作效率也大大提高，仅在扫码喷码环节的工作效率就提升了160%。

（三）D供应链服务商智慧物流模式优势分析

1.智慧供应链技术降低运营成本

智慧供应链技术在整个供应链中扮演着举足轻重的角色，D供应链服务商将前期规划、实施、智能化决策与后期运营管理相结合，以提高企业的综合经营效益。通过智慧供应链技术，D供应链服务商已经建立起一套完整的智慧物流系统，实现服务自动化、运营数字化及决策智能化，极大地减少了人工成本和环节成本，降低了出错概率，从而降低了运营成本。

（1）服务自动化

自动化存货搬运系统包括自动引导车、自动分拣车队及交叉带分拣器。在不同的仓库和物流作业环境下，该系统可以对各种类型的货物进行分批次处理，以机器代替人工，节约了分拣时间，也能够保证分拣无误，直到最后一步才需要人工操作，节省了前面各项环节的人工成本。

存储系统包括输送系统、多层穿梭车等硬件设备和定制货架系统。通过输送系统，可以合理存放货物，提高仓库的使用效率；通过多层穿梭车等硬件设备，能够提高仓储效率和安全性；而定制货架系统可以高效、安全地将产品横向存储在垂直堆叠的托盘上。存储系统根据订单信息将货物分配到拣选站，操作人员根据零散订单提货，最大限度地减少了仓库的人工成本。

机器人拣选及包装系统由六轴机器人系统和人工智能视觉系统组成，与传统的人工拣选相比，机器人拣选能够降低货物的损坏率，降低拣选的错误率，节约拣选的时间，从而提高拣选效率。六轴机器人完成区域拣选工作后，由人工智能视觉系统扫码识别货物，随后货物将被有序排列，放在带式输送机上送去包装，整个过程由机器操作，完全不需要人为干预，包装完成后，将根据订单信息交由配送团队。

（2）运营数字化

仓库管理系统能够实时监控工作人员进出仓库的情况并查看仓库的库存，通过实时库存情况可视化，可以提高运营效率，减少因时效差导致的问题。D供应链服务商还在云仓中部署了仓库管理系统，加入云仓生态平台后，其技术运用和标准执行能够帮助减少货物分布错误率，提高服务能力。

运输管理系统能够根据订单信息，寻找适合的运输资源，利用路线自动规划技术，在最优的路线中用最短的时间将货物运输到位。运输管理系统利用实时追踪功能对物流网络中的货物和车辆进行实时的监控和追踪,加强了对运输过程的控制,并改善了运输资源分配,避免了因人为操作可能导致的资源分配不协调等问题。

订单管理系统能够24小时不间断地处理不同客户的订单,另外,客户和消费者也能够监控每个订单的配送过程。从订单的生成到结算,订单管理系统都会进行跟踪和管理,确保订单的运输和配送无误。此外,订单管理系统还具备多种自动支持功能,例如匹配快递公司、异常检测及警告等。

供应链控制塔可提供整个供应链的端到端可视化管理。控制塔利用统一的视觉面板,将上述三个系统的数据进行分析和汇总,并自动实时更新各项数据,使得部门间的合作达到最大化,从而在各个方面进一步优化供应链。基于超前性的决策分析,控制塔能够对供应链的潜在中断风险进行识别并给出提示,便于工作人员采取有效的措施来避免风险,从而达到部门的动态同步。

(3)决策智能化

智能路线规划通过算法来实现。该算法能够自动分析当前和未来一段时间内的交通、距离、天气及配送站位置等,计算出最优路线。另外,利用预测分析技术,能够安排最优的装卸货物顺序,计算合理的发货频率和发货量,避免因为突然的订单增加和退货带来的问题,如此有助于提升运营效率,降低成本。

存货优化对于客户来说非常重要。通过对客户历史数据的分析,算法可以帮助客户确定不同区域仓库之间的最佳存货分配。该算法能够通过预测,将确定好数量的初始存货放置于不同区域,以实现最优分配,并且尽量降低在控制区域外产生订单的概率。从销售行为开始,算法会在对数据的自动采集和分析的过程中不断改进,保证对区域需求预测的准确性。另外,算法也能根据仓库的位置计算出每个区域仓库的存货最佳数量,从而在最小化存货水平与最大化存货率之间实现良好平衡,也能够避免因为存货不足或存货过多而导致的调配问题。另外，系统提供了一个实时的补货提醒警报，警报响起时，客户可以立即安排生产活动，补充存货。

　　2.智慧物流网络提高物流效率

　　D供应链服务商建立了高度协同的六大网络，分别是仓储网络、综合运输网络、配送网络、大件网络、冷链网络及跨境网络。六大网络互相作用，在物流的各个环节，例如仓储、运输、配送等方面节约了大量的时间，从而提高了物流效率。

　　仓储网络是D供应链服务商全国性物流基础设施的重要组成部分。仓储网络主要由区域配送中心、前端配送中心及其他仓库组成。区域配送中心和前端配送中心都是客户交付初始存货的收货点。一旦收到存货，算法就会根据事先预测的客户需求进行存货的分配，分别运输至全国各地的区域配送中心和前端配送中心。仓库自动化程度高且技术能力强大，管理效率高。截至2021年底，D供应链服务商在全国共运营38座大型智能仓库，均配备了货物自动存取系统，另外，人工智能的广泛应用在一定程度上保证了在销售旺季也能快速配送货物。

　　综合运输网络由分拣中心和干支线网络组成，其中干支线网络连接了仓库、分拣中心和配送站。D供应链服务商负责综合运输网络的路线规划和车队调度，该网络能够根据需求快速做出决策，随后由D供应链服务商的自有运输团队或第三方车队承运。另外，通过收购国内知名速运企业，D供应链服务商也扩展了航空运输方面的客户群体。

　　配送网络是指导物流末端环节的网络，其核心是"最后一公里"的配送。D供应链服务商强大的配送网络包括自有配送团队、配送站、服务站点及自提柜。D供应链服务商的配送团队有超过20万人，并通过与达达集团的合作，填补了"最后一公里"配送能力的空白，提高了配送的整体效率。D供应链服务商在住宅区等人流量多的区域共开设了超过一万个服务站点和自提柜，方便客户随时提取货品。

　　大件网络由大件仓库、送货上门和安装及售后服务组成，可以帮助消费者搬运超过30千克的重货包裹和超大件物品，例如家电和家具等，而且大件仓库配备了和普通仓库同样的自动分拣系统和智能叉车。另外，大件仓库还拥有特殊的仓储货架系统、货盘和托盘，专门用来处理并规划大件和重货的存储与安置。机器人的自动化操作，能够改善工作环境，减少人工搬运大件和重货带来的风险，提高员工的工作效率。

　　冷链网络分为冷链仓库、冷链运输和冷链终端配送。截至2021年底，D供应链服务商在全国共运营超过100个温控冷链仓库，运营面积超过50万平方米，用于生鲜、冷冻和冷藏产品的存储，能够自动实时控制仓库温度，保证冷链产品的安全性，不需要过多的人工干预。另外，D供应链服务商用于冷链运输的专车约有2 000台，覆盖全国31个省的冷链运输网络，这些能够帮助其将冷链产品快速配送到客户手中。

　　跨境网络是D供应链服务商全球战略的一部分，截至2021年底，D供应链服务商在全球范围内拥有约80个保税仓库及海外仓库。D供应链服务商设立了多条国际航线，以帮助他们减少跨国运输的时间，增强其全球配送能力。

　　3.智慧产品提供了高质量的服务

　　D供应链服务商的智慧产品主要是为客户提供供应链解决方案及物流服务，目标是协助客户搭建供应链渠道、优化供应链管理，减少物流成本，并优化存货周转，从而提高消费者的满意度。D供应链服务商提供的服务分别为仓配服务、快递快运服务、大件服务、冷链服务和跨境服务。

　　仓配服务包括头程运输服务（工厂到仓库）、多级仓配服务、物流技术服务和增值服务。头程运输服务的目的是在市场变化的情况下尽可能地减少产品的上架时间。客户可以预约，由D供应链服务商进行提货，或由客户将其货物运送至服务站点，然后在转运中心集中管理，再将货物运送至对应的仓库。头程运输服务利用存货预测工具，安排工厂提货的先后顺序，从而保证货物运送的及时性与准确性。多级仓配服务则是根据预测分析市场情况，按需将产品分别储存在各区域仓库中，根据订单要求进行产品拣选、包装、贴标、整合再包装、集单及装载，最后配送并交付。物流技术服务是D供应链服务商提供一体化供应链服务的重要技术保证，物流服务技术不仅运用于D供应链服务商自身的运营管理，还能输送给客户，帮助其优化供应链管理。代表性物流技术服务包括云仓技术服务、智能供应链管理服务等。增值服务包括售后逆向物流服务、货到付款服务、专业包装服务等。

　　快递快运服务能够直接对接终端客户，整体运营效率较高，得到的市场评价也较高。D供应链服务商的自有配送团队保证了配送质量，与客户的直接联系可以扩展一体化供应链解决方案及物流服务的范围。

　　大件服务背靠大件网络，覆盖了广泛的终端消费者的范围，通过一体化配送安装服务等增值服务，最大程度地方便了消费者。

　　冷链服务通过端到端的温控平台，利用环保绝缘包装和自动化冷链分拣技术，使得冷链物流全程可视化、包装绿色化，并提高了分拣效率。

　　关于跨境服务，中国商户和海外商户都可以使用，服务内容包括货运代理、合同物流等全面的供应链服务。中国商户可以利用D供应链服务商的航运、海运等路线提前将货物运输到指定的海外仓库，由海外仓库进行清关，在海外消费者下单之前就完成多项物流环节，节省配送时间。当海外消费者下单后，直接由当地的第三方物流合作企业为消费者进行配送。反之，向中国销售货物的海外商户也可以将货物运送至D供应链服务商的保税仓库，在中国消费者下单时为其清关。

（四）智慧物流模式的实施效果分析

在此，笔者通过战略转变、产品服务和研发能力三个方面来对D供应链服务商智慧物流模式的实施效果进行分析，从而更好地探究D供应链服务商的智慧物流模式的实施效果。

1.战略转变

为了更好地实施智慧物流模式，激发该模式降本增效的优势，提高企业效率和利润，D供应链服务商将战略目标从规模视角转变为利润视角，积极调整组织结构，以适应公司智慧物流模式的发展和不同阶段战略方向的变化。

2017年，D供应链服务商在运营体系负责人下设置运营管理部、七大区域分公司和办公室三部分，在运营管理部和办公室下共开设九个业务部门。由于D供应链服务商能够获取的资源比较有限，因此智慧物流模式的发展也有一定的局限性。

2018年D供应链服务商进行架构调整，以中台架构为核心，调整为"1844"的业务体系。通过"小集团、大业务"的理念，充分运用资源，提升组织的灵活性，形成了更有弹性的模块化、积木式的管理单元。"1"包括了综合规划群、经营保障中心和市场公关，三者组成了体系化、专业化的中台，能全面提高运营效率；"844"是前台业务单元，包括核心业务版块、成长业务版块和战略业务版块，是解决客户需求的主要手段，也是取得业务收入的主要战场。此外，后台包括了财务部与人力资源部，是提升组织效率和财务效率的保障。

D供应链服务商在2020年再次调整组织架构，由"1844"调整为"6118"。中台升级为供应链、市场与公共关系等六个，提高了中台业务能力的专业性。前台从原来的"844"形式进一步细分，分为了"11"代表的产品化的业务前台和"8"代表的精悍化的经营前台两部分。产品化的业务前台分为了产品业务、技术业务和国际业务三大部分,提升了D供应链服务商的专业物流服务在产品、技术和国际各个细分赛道的能力。精悍化的经营前台能够准确地预测市场需求,并分析市场发展动向,迅速开发并占据市场。三大后台部门由人资、行政、财务等组成,为经营活动提供支持及保障。

通过三次组织架构的调整,D供应链服务商推进了中台的建设,有望带来成本削减和效率提升,但是由于过去D供应链服务商致力于扩大规模,资金大量投入到智慧物流模式的基础设施建设和技术研发中,故而从短期看,利润方面依然是亏损状态。不过,随着D供应链服务商的战略转变,一体化供应链服务收入和外部客户收入快速增长,目前发展势头良好。

2.产品服务

随着智慧物流模式的逐渐完善,D供应链服务商的产品体系也逐渐明朗。从是否使用仓配服务来划分,D供应链服务商的两大核心产品是一体化供应链服务和快递快运服务,分别针对企业客户和个人客户。

目前,物流服务同质化程度高,时效、价格和服务都难以再有更大的突破,故而一体化供应链服务能够成为一个弯道超车的新赛道。一体化供应链服务的最终目标是提高物流服务能力,减少周转天数,减少运营成本,并帮助客户优化供应链管理。库存管理是一体化供应链服务中最重要的环节,D供应链服务商目前的仓储面积已经达到约2 400万平方米,其强大的仓储能力保障了商品的快速交付。

一体化供应链市场规模大,增速快,成长态势良好,是物流市场中的新蓝海。一体化供应链物流服务供应商提供的服务是全方位的综合物流服务,以满足客户日益复杂的需求为目的——这是一个潜力巨大的市场。现阶段我国一体化供应链物流支出的规模呈现逐渐增长的趋势,2020年市场规模达到人民币

2.03万亿元，预计到2025年市场规模能够达到3.19万亿元，年复合增速为9.5%。另外，一体化供应链物流服务占外包物流支出的比例将从2020年的31%提高至2025年的34.6%，亦处于增长态势。相较于一般物流市场，一体化供应链市场对企业的基础设施、数字技术及行业洞察能力提出了更高的要求，因而具有较高的门槛。2020年前十大一体化供应链服务商的营业收入规模和增长速度整体上要显著高于行业平均水平，且各家均在积极构筑竞争壁垒，在仓储网络等方面加强等供应链基础设施建设。而D供应链服务商作为行业的龙头企业，有望通过抢占市场份额实现迅速成长。

D供应链服务商凭借自己的产品和资金优势，成为一体化供应链服务市场的龙头，仓库面积远大于其他企业。而从市场占有率来看，D供应链服务商亦占据优势地位，并有望持续提升市场份额。D供应链服务商的一体化供应链服务收入已经从2018年的341.51亿元增长至2021年的710.54亿元，远高于行业增速，未来一体化供应链服务的收入可观。

D供应链服务商2018年10月正式开通个人快递业务，11月开始试运营快运业务，截至目前，D供应链服务商已两次启动时效提速，全国一二线城市的消费者邮寄省内快递能够实现次日抵达，更多的三四线城市将被纳入"跨省寄递24小时服务圈"。

D供应链服务商的快递产品仍然是以高端系产品为竞争重点。但目前D供应链服务商的快递日均件量为百万级别，在市场中优势不明显，因此，D供应链服务商应该利用自己的品牌优势和价格策略去拓展市场。

以顺丰为基准，D供应链服务商的快件时效整体上在行业内处于较高的水平，尤其是投递时限和72小时准时率都仅次于顺丰。而全程时限、运输时限和寄达地处理时限也处于行业中等偏上的水平，但寄出地处理时限相比来说则处于中等水平。从综合水平来看，D供应链服务商的快件时效还是比较高的，具有一定的市场竞争力。

目前，从产品服务角度来说，一体化供应链服务相较于快递快运服务，对营业收入的贡献更大，且处于不断扩大市场、吸引更多客户的状态中，已经形成了比较明显的竞争优势，对于提升D供应链服务商的绩效起着关键的作用。而从时效、价格、服务质量等维度来看，快递快运服务在市场中的竞争优势并不明显，揽件量也远低于同行龙头企业，是D供应链服务商需要提升的方面。

3.研发能力

D供应链服务商的供应链技术是公司业务的基础，也是一体化供应链服务的重要支撑。多年来，D供应链服务商不断地加强供应链和物流服务各个领域的技术革新和应用。截至2021年底，D供应链服务商已经拥有超过5 500项专利及计算机软件著作权，其中涉及自动化及无人操作技术的专利就有3 000多项。

D供应链服务商一直致力于供应链技术的研发，且研发能力较强。在自动化方面，机器人技术提高了搬运货物、分拣货物的效率和准确性，解放了人力，提高了生产力，还保证了工作场所的安全性；在数字化方面，将专有的系统软件运用到了仓库管理、运输管理、订单管理等各个系统和供应链控制塔，这对于提高准确性、效率以及服务能力有着举足轻重的作用；在智能化决策方面，D供应链服务商的一套专有算法拥有人工智能及大数据技术，能够根据每个业务层级的特点和运行情况，自动作出智能决策，实时采集数据并分析，从而随时控制整个供应链网络的密度，调整设备的利用情况，提高各物流环节的效率，提高客户满意度。

2018年至2021年，D供应链服务商的研发开支逐年增加，由2018年的15.20亿元增加到了2021年的28.13亿元，增长了85.07%，研发开支一直维持在较高的水平，符合D供应链服务商注重研发物流设备、供应链技术的战略方针。而研发开支占营业收入的比重则逐年下降，由2018年的4.01%下降到了2021年的

2.69%，原因是营业收入的增速大于研发支出的增速，这也说明研发投入给营业收入带来了积极的影响，D供应链服务商的研发能力得到了较好的体现，且得到了积极的反馈。

技术是D供应链服务商发展的重要驱动力，依托于海量数据和技术能力，D供应链服务商通过一体化供应链物流服务提高了整个物流和履约的效率。近几年D供应链服务商的营业收入能够快速增长，其持续不断的研发投入和技术提升是重要保障。随着研发能力的不断提升，D供应链服务商的一体化供应链服务逐渐完善，基础设施不断强大，已经得到了客户以及市场的广泛认可。目前，D供应链服务商拥有一支超过3 800名研发专业人员的庞大队伍，从现有数据来看，D供应链服务商的研发开支一定程度上体现在了营业收入上，未来预计研发支出还将继续增加。如果能更好地完善现有的智慧物流模式，其边际效益也将逐渐增加，研发对企业绩效的贡献也会越来越多。

二、D供应链服务商智慧物流模式绩效分析

（一）D供应链服务商智慧物流模式财务特征分析

1.研发投入较多

D供应链服务商作为智慧物流方面的佼佼者，一直十分注重对供应链技术的研究。随着整个物流行业从粗放式规模扩张向精细化提质增效转变，技术的更新换代对于智慧物流模式来说尤为重要，因此，D供应链服务商每年在研发方面都投入巨大。

2018年至2021年，D供应链服务商的研发投入逐年增加，由2018年的15.20亿元增加到了2019年的16.78亿元，2020年的研发投入则达到了20.54亿元，2021

年研发投入继续增加到了28.13亿元，研发投入逐年增长且增长幅度明显。从相关调研数据上看，顺丰的研发投入虽然也不少，而且也是逐年增加，但是与D供应链服务商相比，还是有比较明显的差距。而与申通和韵达相比，D供应链服务商的研发投入则一直是二者的数十倍。因此，从整体上来看，D供应链服务商的研发投入远高于同行业中的其他企业，且一直维持在较高的水平。

2.固定资产比率较低

D供应链服务商的固定资产主要是物流设备、建筑物和运输车辆等。虽然D供应链服务商的仓库遍布全国各地，但是绝大多数属于使用权资产（即租赁的仓储资源），因此随着仓储规模的不断扩大，固定资产的占比一直处于下降态势，总体而言，固定资产所占比例较低。

2018至2020年，D供应链服务商固定资产中占比最多的是物流设备，分别为51%、74%和65%，而固定资产占非流动资产的比重大幅下降，则主要原因是其他非流动资产项目的大幅增加，即使用权资产的增加。D供应链服务商仓储资产以租赁为主，尽管仓储是D供应链服务商供应链系统的核心节点和资源，但D供应链服务商公司体内主要以租赁方式布局，如此可以减少一部分运营成本。2020年公司使用权资产为121.86亿元，使用权资产占非流动资产的比重达到48%，而固定资产为60.67亿元，占比仅为26%，远低于使用权资产的占比。从整体上来看，D供应链服务商实施智慧物流模式必然需要强大的仓储能力，而如果所有的仓库都以购买的方式获取，那么会给其带来较大的运营负担，因此，使用权资产的形式既可以扩大规模，也可以降低一些运营负担，这就导致了D供应链服务商固定资产的占比较低。

3.流动负债比率较高

D供应链服务商的流动负债较高主要是由于其拥有强大的仓储能力。客户将货物放置在D供应链服务商全国各地的仓库中，客户只有将商品卖出去，才能拿到货款，因此，这部分货物就形成了庞大的应付款项。另外，使用权资产也是导致D供应链服务商其他应付款项较多的原因。由于很多仓库是租赁的仓储资源，D供应链服务商需要支付租金、保证金等，因此，其他应付款项的金额就随之增加了。

D供应链服务商的应付账款及票据逐年增长，由2018年的26.53亿元增长到2021年的67.73亿元，增长了155.30%，符合D供应链服务商客户的增加导致仓库货物增加，进而形成庞大应付款项的情况。其他应付款项及应计费用从2018年的92.32亿元增长到2020年的154.11亿元，符合D供应链服务商扩大规模，建设仓库而形成大量租金的情况。而2021年其他应付款及应计费用下降到了110.45亿元，主要是考虑到本年已经支付了租赁付款的本金。基于此，流动负债的占比逐年上升，由2018年的40.52%上升到了2021年的67.42%，增长了66.39%。流动负债占比的上升，降低了D供应链服务商的负债成本，有利于资金的充分利用。

（二）收入成本分析

下面，笔者通过对营业收入、营业成本等方面的分析，来解读D供应链服务商的绩效。

1.营业收入

从D供应链服务商自身来看，其营业收入逐年增长，从2018年的378.73亿元增长到2021年的1 046.93亿元，突破了千亿大关，营收情况较好。与顺丰相比，2018至2020年，D供应链服务商的营业收入不足顺丰的二分之一，主要是由于顺丰的品牌优势大、服务质量好，且其快递快运服务的揽件量远大于D供应链服务商。相较于顺丰，D供应链服务的营业收入还有很大的提升空间。与圆通和中通相比，D供应链服务商的营业收入一直高于二者，且随着时间的推移，与二者营业收入的差距逐渐变大。至2021年底，D供应链服务商的营业收入大于圆通营收的两倍，大于中通营收的三倍。

D供应链服务商的营业收入处于高速增长的水平，受新冠肺炎疫情等因素的影响，2021年的增速相比2020年有所下降，但总体上处于一个持续增长的态势。从现有数据来看，D供应链服务商营业收入每年的增长率都高于其他公司。从增长走势来看，虽然2020年顺丰也实现了高速的增长，但D供应链服务商的增长幅度还是略大于顺丰，说明D供应链服务商处于较好的成长期。

2018年以来，D供应链服务商的一体化供应链客户收入逐年增加，这主要是由于一体化供应链客户的数量增长。近年来，D供应链服务商外部一体化供应链客户群越来越庞大，由2018年底的3.25万家客户增长到了2021年底的7.46万家客户，客户增长主要是由于客户对D供应链服务商服务的需求上升，以及D供应链服务商自身持续的销售及市场推广活动。由此可见，一体化供应链服务作为D供应链服务商的核心服务产品，对营业收入的贡献逐渐增加，为D供应链服务商占据一体化供应链市场提供了重要支撑，也提高了品牌知名度。另外，其他客户的营业收入也处于成倍的增长状态，主要是由于其他客户数量的快速增加使得快递快运的服务量增加。

综上所述，D供应链服务商的营业收入整体上呈高速增长趋势，营收水平在行业内占据前列，发展态势较好。从收入结构来看，一体化供应链客户和其他客户的数量都在持续增长，各自的营业收入也随之快速增长，尤其是一体化供应链服务收入占据着越来越重要的地位。从营业收入呈现的数据来看，D供应链服务商的营收表现较好，且还有很大的上升空间。

2.营业成本

D供应链服务商2018至2021年营业成本逐年增加，由2018年的367.93亿元增加至2021年的989.09亿元，2019和2020年整体营业成本增速分别为26.15%和

44.52%，低于营业收入增速，因此毛利率也是处于逐年上升的状态。

但是2021年，由于政府优惠政策逐渐减少，快递快运服务业务量大幅增长导致外包成本增加，以及扩大仓库等带来的租金费用增加，使得D供应链服务商负担的成本要比2020年多，因此营业成本增加较多。

从营业成本结构看，主要由员工福利开支、外包成本（包括分拣、运输、"最后一公里"配送环节的外包服务成本，及旺季临时资源补充）、租金成本、折旧摊销及包装耗材等组成。2021年，其他成本的占比增加主要是由于租金成本的增加。

2021年的租金成本达到了95亿元，比2020年的66亿元增长了43.5%，主要是由于D供应链服务商扩大规模，建造仓库及分拣中心等。虽然各项成本的占比各有增减，但员工福利开支和外包成本总的占比一直接近八成，这也是D供应链服务商最主要的营业成本。

2018至2021年，D供应链服务商员工福利成本占营业成本的比重从46.4%下降至36.19%，但在各项成本中占比仍然是比较高的。D供应链服务商人工成本占比较高主要是由于其大量自有员工及业内较高的待遇水平。截至2021年年末，D供应链服务商拥有约31万员工，其中运营人员占比超过95%。运营人员中配送人员超过20万人，员工数量同比增长46%；仓储人员超过5万人，同比增长13%，运营人员平均年薪超过10万元。D供应链服务商为员工购买社会保障保险，同时为全体配送员购买团体意外保险，员工数量和薪资待遇都位于行业前列。而员工福利成本占比下降则主要是因为D供应链服务商调整了薪资结构，取消了底薪，增加了提成幅度，既降低了一部分人工成本，又提高了员工的积极性，增加了业务量。

2018至2021年，D供应链服务商的外包成本占比从28.5%上升至40.85%。随着D供应链服务商快递、快运等业务量大幅增长，干线运输部分外包需求和电商旺季临时人力资源补充需求增加，导致了外包成本的增加。另外，D供应链服务商在2020年收购跨越速运也是外包成本增加的重要因素。2021年，人工和外包成本合计仍然占总体成本的77.04%，是一个比较大的比重。

D供应链服务商的期间费用率呈下降趋势，费用管控逐步优化。2018至2020年，D供应链服务商期间费用率从9.5%下降至7.8%，费用管控效果较好。其中主要是管理费用率从4.6%下降至2.3%，研发费用率从4.0%下降至2.8%，但销售费用率则从1.6%上升至2.5%，主要是由于全面对外开放、拓展外部客户所致。横向对比同样属于自营体系的顺丰控股，D供应链服务商整体期间费用率低于顺丰，主要是因为顺丰管理费用率相对更高。

综上所述，D供应链服务商的营业成本持续增加，虽然符合营业成本随业务增长而增加的规律，但从营业收入的角度看，营业成本还是比较高，因此毛利率水平较低。从营业成本角度看，D供应链服务商要想获得更高的毛利率，不仅要从增加营业收入方面着手，也要在节省成本方面采取一些有效措施。不过，随着营业收入的快速增长和智慧物流模式的边际效益显现，D供应链服务商的毛利率有望增加，同时，期间费用的下降趋势也降低了一定的营业成本，因此，D供应链服务商的绩效水平处于逐步提升的状态。从中短期来看，D供应链服务商仍然会优先考虑业务发展和扩大市场份额，因此，仍会在基础设施建设、研发技术等方面投入大量资金，这些投资有利于D供应链服务商积累长期的竞争优势，但是在中短期会产生大量的固定成本，从而影响企业的绩效水平。但从长期来看，随着企业产品竞争力的提高以及规模效应的显现，D供应链服务商的绩效水平将大幅提升。

（三）财务指标分析

本节通过计算相关财务指标，主要从四个方面来分析D供应链服务商的绩效水平，即盈利能力、营运能力、偿债能力。

1.盈利能力

盈利能力是企业获取利润的能力，也是能最直接体现企业绩效水平的能力。盈利能力的高低决定了投资者能否获得收益，能获得多少收益，也表现了经营者的工作能力，同时还是能否完善职工福利的关键因素，因此盈利能力的分析十分重要。

自2018年D供应链服务商推出全球智能供应链基础网络和六大服务产品，销售毛利率从2018年的2.85%迅速上升至2019年的6.89%，提升了4.04%，2020年销售毛利率达到了8.58%，虽然增幅较上年有所下降，但仍处于上升趋势。而2021年销售毛利润下降到了5.52%，主要是由于营业成本的增加，以及新冠肺炎疫情对营业收入产生的负面影响。从整体上来看，D供应链服务商的销售毛利率呈现不断上升的趋势，盈利能力有所提升，但是2021年销售毛利率的下降需要引起重视，应进一步加强对成本的管理控制。从数据来看，D供应链服务商的销售毛利率仍然处于一个比较低的水平，如果想要实现盈利，则应将毛利率提高到10%以上。

从销售净利率来看，虽然2019年的－4.49%较2018年的－7.30%上升了2.81%，但2020年又回落至－5.5%，而2021年的销售净利率则大幅下降至－14.96%，可知D供应链服务商一直处于亏损状态，且一直没有较好的办法摆脱此种情况。在"三通一达"（中通快递、圆通快递、申通快递和韵达快递）和顺丰建立起来的较为成熟的市场中自建物流，本就具有很大的难度，而常年的人工费用、仓库和设备等维护费、智慧物流相关研发投入等大量支出，使得D供应链服务商很难盈利。但随着D供应链服务商开放业务的逐步深化，至2019年第二季度，D供应链服务商已基本实现盈亏平衡，逐步建立起的智慧物流体系，使得第三方业务得到爆发式增长，为D供应链服务商带来更大的营业收入和更多降低成本的空间。

D供应链服务商的总资产净利率从2019年的－6.52%，2020年的－8.72%到2021年的－24.09%，总资产净利率一直处于下降趋势，由此可知，D供应链服务商的投入产出水平较低，资产运营效率较低。2018至2021年，D供应链服务商固定资产由2018年的48.38亿元增加到2021年的88.75亿元，无形资产则由2018年的1 257.10万增加到2021年的24.58亿元，D供应链服务商的资产逐年大幅上升。2018年，D供应链服务商的首架全货机成功首航，2019年，投入运营建设5G智慧物流示范园区，并启动下沉到县城和乡镇的计划，这些措施需要投入大量的资金，但无法实现快速变现，因此目前的总资产净利率仍表现不佳。不过，以往的投资已经为D供应链服务商积累了许多高质量的基础资产，随着物流产品和服务的逐渐扩展，其资本开支未来有望逐渐下降。

通过相关数据分析可知，D供应链服务商的净资产收益率从2019年的147.26%下降到了2020年的113.90%，2021年又大幅下降至－96.61%%，净资产收益率逐年大幅下降，且三年间，数据从正数变为了负数，由此可知，D供应链服务商的运营管理存在较大的问题，导致收益偏低。D供应链服务商2018至2021年的净利润分别为－27.65亿元、－22.37亿元、－40.37亿元和－156.61亿元，一直处于亏损状态，且亏损越来越大，而负债则分别是293.61亿元、421.38亿元、576.17亿元和364.06亿元。由此可见，D供应链服务商的净资产收益率逐年降低，主要是净资产处于负增长状态，且负债也在逐年增加，虽然2021年的负债下降了212.11亿元，但是2021年的净利润下降幅度更大，因此，D供应链服务商的净资产收益率十分不乐观，应考虑在增加创收手段的同时实施节流措施。另外，新冠肺炎疫情也给D供应链服务商带来了不少消极影响，在一些封控和管控地区，由于物流无法正常运行，D供应链服务商的业务量也随之减少。但D供应链服务商的基础设施仍在运行，各种设施装备仍在建造，这使得营业收入无法完全覆盖营业成本，因此新冠肺炎疫情也是导致近三年净资产收益率大幅降低的重要原因。D供应链服务商在未来的发展中仍要将新冠肺炎疫情作为重要因素进行考虑。

综上所述，从短期来看，受到扩大规模、固定成本大量产生、研发支出持续增长、新冠肺炎疫情等因素的影响，D供应链服务商还未能扭亏为盈，其盈利能力仍处在一个较低的水平，且有所波动。但从长期来看，随着疫情形势的逐步明朗、智慧物流模式的完善，一体化供应链服务、快递快运服务等服务产品的竞争力逐渐提高，D供应链服务商将创造更多的营业收入，智慧物流模式的规模效应也逐渐显现，盈利能力将有望得到提升。

2.营运能力

营运能力是企业使用资产进行经营活动的能力，企业的营运能力越强，说明企业经营者的管理水平越高，资产运用的能力越强。

自2018年获得融资后，D供应链服务商先后铺设了六大物流网络，建立了多个大型智能仓库，申请了超过2 000个技术专利和计算机软件版权，总资产由2018年的284.44亿元增长到了2021年的767.95亿元。同时，2018年以来，D供应链服务商的业务重心从对内服务转移到内外服务兼顾，全面开放并完善了自己的产品体系，销售收入逐年攀升，2018至2020年的销售收入分别为378.73亿元、498.48亿元和733.75亿元，2021年，营业收入突破千亿，达到了1 046.93亿元，未来收入可观。在总资产和销售收入同时增长的情况下，总资产周转率仍保持增长态势，D供应链服务商的销售能力逐渐增强，资产投资的效益有所提高。

D供应链服务商固定资产周转率从2018年的7.83增长到2019年的9.80，同比增长了25.16%，到2020年的12.24，同比增长了24.90%，总体而言，保持增长态势且增长幅度较大。2021年增长到了13.48，同比增长了10.13%。虽然固定资产周转率的增长幅度有所下降，但总体上还是呈现增长态势。

　　D供应链服务商对固定资产的利用效率逐年提升。2018年以来，D供应链服务商固定资产的增加主要来自购买土地及土地使用权和设备，以建立物流仓库，继续扩大物流网络规模，物业、厂房及设备等固定资产逐年增长。但由于过去D供应链服务商是依靠着物流时效获得市场的青睐，而近年来随着竞争对手的追赶，这一优势已无法起到更大的作用，因此，到2019年，D供应链服务商转变了发展思路，从规模视角转向利润视角，销售收入逐年增长。而D供应链服务商在全国的仓储、运输等网络的不断完善，使得固定资产的利用效率不断显现。

　　D供应链服务商的流动资产周转率逐年攀升，且保持了较快的增速。通过相关调研数据可知，D供应链服务商的流动资产周转率从2018年的1.71增长到2019年的2.15，同比增长了25.73%，到2020年的2.75，同比增长了27.91%，再到2021年的2.81，流动资产的周转速度加快。2018至2021年的营业收入分别为378.73亿元、498.48亿元、733.75亿元和1 046.93亿元，增幅分别为31.6%、47.20%和42.68%，2018至2021年的流动资产分别为221.01亿元、242.75亿元、291.40亿元和454.01亿元，增幅分别为9.72%、20.04%和55.83%，其中流动资产的增加原因是应收账款和其他应收款的增长。上述分析可知四年来营业收入增长整体上高于流动资产的增长，流动资产的综合利用效率逐年提升，资金利用效率有所提升。

　　D供应链服务商的存货周转率从2018年的164.25到2020年的205.45，逐年增长，而2021年下降到了183.80，主要是新冠肺炎疫情导致物流间歇性停滞。总体而言，D供应链服务商的存货周转率仍然处于较高的水平，存货周转稳中有进，存货占用营运资金的比例较低，D供应链服务商的业务能力较强，符合近四年的营业收入表现。

　　综上所述，D供应链服务商营运能力的提高主要得益于营业收入的快速增长。但是，大量非流动资产的规模效益还未完全显现，且未来D供应链服务商仍在大量建设新的大型仓库等基础设施，会导致非流动资产的增长，从而影响资产周转率，因此，营业收入的增长率对于D供应链服务商来说十分关键。结合对盈利能力的分析来看，目前D供应链服务商的营运能力良好，但还需要加强资产的使用能力。

3.偿债能力

企业的偿债能力是企业偿还长短期债务的能力，分析偿债能力能够了解企业的负债状况和财务情况。由于D供应链服务商流动负债的占比较多，因此，本部分关于偿债能力的分析主要针对流动负债。

一般来说，流动比率的基准数是2，但每个行业的情况各不相同，就物流行业而言，流动比率普遍较低。2018至2021年，D供应链服务商的流动比率一直未达到2，且2018年至2020年逐年下降，由2018年的1.86下降至2019年的1.32，同比下降了29.03%，2020年下降至1.11，同比下降了15.91%，直到2021年才增长到和2018年相当的水平。2018年获得融资后，D供应链服务商继续扩大规模，建立仓库，下沉到县城和城镇，并在研发方面投入大量资金，而融资租赁负债在2020年达到了46.19亿元，应付账款及票据由2018年的26.53亿元增加到2021年的67.73亿元，流动资产的增幅低于流动负债的增幅，从而使得流动比率持续下降。而2021年的上涨，则是受到上市后融资活动的影响，使得现金及现金等价物大幅增加，另外应收账款的增加和流动负债的减少也是导致流动比率下降的原因。目前来看，D供应链服务商的流动比率在行业内处于正常水平，短期偿债能力在近几年并没有明显的提高。

通常，速动比率维持在1左右是较好的水平，D供应链服务商速动比率的变化与流动比率大体上一致。在2018年获得融资后，D供应链服务商的现金及现金等价物大量增加，且2018年D供应链服务商没有融资租赁负债，因此，速动比率较高，为1.76。自2019年开始，D供应链服务商投入建设国内首个5G智慧物流示范园区，并继续建设大型智能仓库，投入研发费用16.78亿元，预付款项从2018年的9.63亿元猛增至114.61亿元，融资租赁负债增加了31.04亿元，应付账款增加了13.04亿元，在资金大量投入运营和研发，负债同时增加的情况下，2019年的速动比率大幅下降至0.68。至2021年，D供应链服务商将发展视角从扩大规模转向获取利润的战略初见成效，销售收入大幅增加，预付款项和存货的增幅较小，但融资租赁负债和其他应付款等仍有较大的增幅，因此，速动资产的增长速度没有达到流动负债的增长速度，速动比率出现了下滑的情况，但其下滑程度已经明显减缓，并且在2021年恢复到了2018年的水平。

D供应链服务商的现金比率在大幅下降后又有所回升，由2018年的1.62下降到了2019年的0.50，2020年下降到了0.42，2021年则回升到了1.07。2019年，D供应链服务商通过扩大规模和研发投入，将现金充分合理利用，避免了机会成本的增加，因此现金比率下降幅度较大。2020年现金比率下降速度变缓，但仍保持在一个比较积极的状态，2021年，现金及现金等价物大量增加，D供应链服务商的及时付现能力良好。

2018至2020年，D供应链服务商的资产负债率超过了100%，且持续上涨，是由于D供应链服务商持续将大批资金投入物流仓储系统、人工智能设备研发等方面。同时，人力成本、扩大规模和推广市场的支出使得D供应链服务商的应付账款和融资租赁负债逐年增加，而非流动负债其他项目一直是负债总额中占比最大的一部分，从2018年的174.63亿元增长到2020年的227.16亿元。由于负债大量存在、销售收入增加但仍处于亏损状态、净现金流入不足，因此D供应链服务商的资产负债率一直居高不下。而到了2021年，资产负债率大幅度下降到了47.41%，这是一个比较正常的水平，可知D供应链服务商在2021年上市之后吸收了资金，缓解了现金流问题，并且通过财务杠杆带来了一些收益，偿债压力大幅度减少，偿债能力有所增强。综上所述，D供应链服务商在2018至2020年间处于资不抵债的状态，且资产负债率不减反增，其他各项指标的反馈也比较消极，即使有一些战略方面的因素，偿债能力也依然不容乐观。而2021年智慧物流模式进一步完善且D供应链服务商成功上市后，偿债能力各项财务指标反馈积极，偿债能力明显增强。

三、D供应链服务商智慧物流模式绩效研究的启示

（一）优化智慧物流模式

1.加大技术革新力度

D供应链服务商自2008年就开始建设无人仓、无人机，并开始研究大数据相关技术，同时将相关的科学技术积极投入企业生产活动当中，但是由于我国相关技术的发展还不成熟，使得D供应链服务商的许多科学技术无法投入到物流配送环节当中，仅能服务于无人仓的搭建活动当中。而目前，D供应链服务商仍然主要采用汽运、人工配送的运输方式，虽然基于供应仓的优势，配送效率已经十分优秀，但是由于业务的拓展，D供应链服务商目前的运输方式在未来很有可能被淘汰。随着科学技术的发展，新型配送方式及运输方式将会不断革新，D供应链服务商应加大技术革新力度，扩大自己的竞争优势，提前对物流运输方式进行合理布局，并加大企业内部运输方式的完善，如汽运、无人机等相关运输方式建设，完善整个集团物流运输体系。

2.全面开放物流业务

据2019年D供应链服务商年度企业报告显示，D供应链服务商的单量高至上亿，虽然D供应链服务商的业务单量及服务企业数量仍然巨大，但是其拥有

的业务单量仍然无法创造较为理想的利润。而随着线上购物的发展，公众的生活需求越来越多样化，这时个人业务及中低端业务就必然会成为物流业务中极其重要的一块领域。而D供应链服务商为了企业的生存与发展，也必然会加强对中低端业务的建设，就现在形势而言，D供应链服务商应加强网络铺建，从而拓展中低端业务的服务范围，丰富物流产品体系，从而打破"三通一达"对中低端业务与个人客户市场的垄断。

3.开发下沉市场

中国农村人口众多。过去，大型电商巨头并不关注农村市场。随着拼多多在农村市场的异军突起，其他电商企业也在这个下沉市场上投入了大量资金。目前，国际物流企业尚未深入中国农村市场。D供应链服务商应抓住机遇，抢占有利地位，积极开拓农村市场。尽管下沉市场在电商企业的关注下迅速发展，D供应链服务商也开始采取行动，但下沉市场存在着农村地区广阔、人口稀少、高层次人才短缺、商品配送成本高等问题。D供应链服务提供商要想在下沉市场中占有一席之地，就必须找到自己独特的发展路径，形成竞争优势，进而通过智慧物流模式提高下沉市场的交付速度，降低配送成本，实现农村物流的快速发展，从而提高自身的经济效益。

（二）提高运营管理能力

1.提升物流资产的货币化率

D供应链服务商成立了物流地产基金，以期盘活现金流，提升后续投资能力。D供应链服务商可以继续与国内外优秀基金组织进行合作，将自己的部分基础设施资产出售给合作基金，并租回部分物流基础设施以用于运营。通过这样售后回租的形式来提高物流资产的货币化率，D供应链服务商的财务绩效可以在短期内得到快速的提升。

2.减少资本开支

D供应链服务商目前发展最大的问题就是企业建设成本巨大，使得企业创收无法跟上企业建设的投资速度。而面对国内物流企业的不断联合加盟，国内物流的作业成本也愈发降低，D供应链服务商倘若继续单打独斗，发展将极其困难。因此，D供应链服务商应加大行业内部联合，例如与顺丰速递、EMS进行产业对接合作，以此减少单价成本，同时也可将其他物流企业的物流建设纳入D供应链服务商现有的物流网络中，以此达到风险对冲、成本平摊的良性局面。虽然这种方式的经营模式必然会降低D供应链服务商的企业利润，但在一定程度上能较好地化解D供应链服务商的高成本、低利润的现象。

3.降低隐形成本

在D供应链服务商外部融资压力日渐增大的同时，其仍然在不断地扩张自建物流体系，这会带来一定程度的投资风险。为了降低隐形成本，D供应链服务商可以出租一些闲置土地，通过租金收入获得营运资金。另外，还可以与第三方物流服务企业进行合作，将一些区域物流项目移交给它们，通过交换和共享货物和地区信息，及时反馈财务信息，共同承担责任、面对风险，以缓解资本运营带来的压力，互利共赢。因此，暂停不必要的扩张可以避免一些投资风险，从而降低隐形成本。通过对外开放战略，D供应链服务商的外单数量呈高速增长趋势，需要全方位的供应链解决方案加以支持，在这样的情况下，D供应链服务商的营业收入也会随之增加。因此，D供应链服务商可以将整个企业成本中的物流成本划分出来单独核算。通过对实施智慧物流模式所产生的各个物流环节的各项成本进行分析，在企业现行的会计政策基础上建立一套物流成本核算系统，将供应链每个环节涉及的具体物流成本进行分类，并分别为其设置相应的科目，从而清晰地将相关成本体现在物流成本核算系统中。通过核算，无关成本会自然而然地显现出来，从而减少隐形成本。

第三节　山东HS西海岸智慧物流
产业园运营模式分析

投资和运营一个企业，其主要目的是获取一定的经济利润和投资回报，当然，还要追求社会效益。在这个过程中，运营模式起到至关重要的作用。运营模式是企业为达成盈利目标而采取的一系列手段与方法，是企业制定主要战略、设计运营活动，最终实现利润最大化的操作路径。

一、物流园区运营模式的内涵

物流园区是开发主体企业投资建设的基础设施，作为开发主体企业的投资项目，其目的毫无意外也是追求经济和社会双重效益，而物流园区运营模式则是为了使得园区能够实现良好运行，同时获得较好的盈利效果而制定出来的运营方案。

根据对运营模式的理解和实践经验，笔者将物流园区的运营模式定义为：物流园区的建设开发主体企业为实现园区的投资回报盈利和社会效益而对战略和运营活动所设计的实现路径。具体来说，应该至少包含园区服务于哪些类别的客户群体、园区应为所定位的客户规划设计什么样的产品或服务、园区通过哪些盈利点来实现盈利和如何打造区别于竞争对手的差异化竞争优势等。

（一）物流园区运营模式包含要素

按照上述对物流园区运营模式的介绍，其主要包含四个要素：客户定位、产品规划、盈利能力和竞争优势。

1.客户定位

物流园区作为基础设施，其本身并不能实现盈利，必须要通过为入驻园区的客户提供服务才能实现运营利润和投资回报，因此为哪些客户提供服务，即客户群体定位至关重要。这一点与生产制造企业类似，制造企业在做出有形产品之前必须先明确自身的市场客户群体定位。

物流园区在明确客户定位时，首先要明确客户的行业类别，物流园区是为各类客户提供服务的场所，生产制造企业、贸易企业、物流企业、其他生活服务类企业、货车相关产业服务类企业等都有可能是园区服务的对象，园区要根据自身资源特点和实际需求明确服务对象，并开发相关市场。产业物流园区在明确客户行业的同时还应明确所服务的产品大类，产业园区的服务客户往往需要和当地主要产业的发展情况相结合，从产业链的原材料采购的起始端到消费者购买产成品的最终端，涉及了众多行业的数十个企业，这些企业围绕产品大类开展运营活动，产业物流园也在围绕产品大类的供应链提供物流及增值服务，而链条上的大部分企业同样也可成为园区服务对象。因此，明确客户定位是保证物流园区协调、可持续发展的必要条件，是实现服务高度匹配物流市场需求、打造稳定盈利模式、发挥物流园区资源整合优势的基础。

2.产品规划

产品是企业满足市场需求的依托，物流园区在进行产品规划时，市场和客户的需求、园区自身优劣势情况等都是重要的考虑对象。首先，园区的产品规划需立足于服务客户和产品大类的定位，园区的产品定位可为：首先是提供仓储、装卸、运输等实体物流服务，在此基础上，可以结合企业自身条件适时开展其他服务内容，如供应链产业链集成服务、相关生活配套服务等。园区只有对市场需求情况进行充分调研，从客户和需求情况出发，才能规划设计好相应的产品和服务；只有提供的产品及服务与客户需求相匹配，才能实现盈利。其次，园区的产品规划需与自身优劣势情况相结合，根据企业实际情况充分发挥园区所拥有的区位优势、交通条件等优势，弥补物流园区基础设施投资大、运营维护成本高等劣势，进一步优化产品规划。

3.盈利能力

物流园区在明确了客户定位和产品规划后，还要策划好如何把产品和服务以较高的品质和效率提供给客户，从而实现利润最大化，这就是盈利能力。针对不同类型的业务模式，盈利点的规划设计不同，以园区基础设施基本服务及延伸服务的业务模式为例，物流园区作为设施提供方，围绕仓库和场站提供装卸、货代、包装、配送等一站式服务成为重要盈利点。在细分出盈利点后，园区通过降低业务成本等方法提升业务的利润率，实现每个盈利点的利润最大化。

4.竞争优势

竞争优势是企业成功的核心，核心竞争力体现在企业与竞争对手保持差异化，保持领先的能力。物流园区在规划设计好盈利路径之后，需要策划建立有别于竞争对手的差异化竞争优势。物流园区内包含了商流、资金流、信息流等多种资源，同时融入了多种业务模式，每个园区对上述资源整合利用程度的不同，这就造成了综合实力的不同。因此，只有深挖客户需求并结合地方经济特色，在某一种或几种业务模式中，利用优越的地理区位条件、便利的交通条件、丰富的政策扶持、优良的资信背景等优势将业务做精做专，拉开自身与竞争对手的距离，才能实现物流园区的长期可持续发展。

（二）物流园区主流运营模式分析

从目前发展情况看，我国现有的物流园区运营模式主要包括物流地产模式、自用物流园区模式和产业物流园区模式。

以普洛斯、宝湾、万纬等物流地产商为代表的物流地产模式在体量方面占到了全国物流园区的半壁江山，这种模式的主要运营方式为物流地产商投资建设标准化优质仓库，然后出租给物流公司和各类有物流需求的客户企业，园区内具体的物流业务运营由承租的企业来开展，这种园区的运营模式从物流业务角度看尚处在初级阶段，租金维持着园区的日常运转，园区开发主体企业主要依靠土地增值和资本运营来获取盈利。

自用物流园区模式是物流园区内以运营企业自身的业务为主的模式，这种模式之前多以大型生产企业的自用物流设施为主，也有部分大型物流企业建设和运营自有园区。近几年，随着电商的迅速发展，以京东等为代表的电商类企业迅猛扩张，其规模大有赶超物流地产的趋势，这种模式会根据企业自身的业务需求，做有针对性的资源汇集和优化配置，该模式一般物流体系健全，包含了从信息、交易、运输、仓储、配送等多个环节业务，园区内采用了大量的自动化、信息化技术，物流业务的效率很高。

产业物流园区模式是以地方特色产业为依托，基于"园区＋技术＋服务"模式，打造集实体物流、供应链金融、产业链服务、信息服务于一体的综合性、产业化、平台型物流产业园区，这种模式多与产业相结合，与产业链和供应链深度融合，通过积聚社会资源，为产业集群提供增值服务。

二、山东HS西海岸智慧物流产业园运营模式与问题分析

（一）山东HS西海岸智慧物流产业园情况分析

1.山东HS西海岸智慧物流产业园概况

山东HS西海岸智慧物流产业园由国有企业山东HS青岛物流发展公司（下文简称山东HS公司）进行投资建设和运营管理。山东HS公司主要从事物流园区投资建设和运营管理，提供包括仓储、运输、装卸、分拣等在内的一体化实体物流服务，公司立足青岛、辐射胶东半岛，面向全省，致力于打造"优势互补、集群发展"的物流园区网络新格局。

物流产业园项目位于青岛西海岸经济新区，距离新区前湾港区和保税区均6公里车程，距离高速口2公里车程，具有良好的地理和区位交通优势，项目总占地372亩，建筑面积9万余平方米。主要有公路港物流中心、大宗商品仓储中心和综合服务中心三大板块构成，其中，公路港物流中心总占地近130亩，建筑面积25 000余平方米，主要建设有开放式配货仓库、办公室和大型停车场，可容纳50余家中小型物流企业开展配货等相关物流业务；大宗商品仓储中心占地约200亩，建筑面积6万余平方米，主要建设有7座大型标准仓库和停车场地，标准仓库用于存储进口橡胶、汽车零部件、家电零部件等产品，可容纳10余家贸易和物流企业开展货物存储和装卸等业务；综合服务中心占地3亩，建筑面积6 500平方米，建设办公楼一座，主要为公司办公自用；另有场地，面积为30余亩，为客户提供集装箱拆装箱服务。

2.山东HS西海岸智慧物流产业园竞争对手分析

青岛西海岸新区作为港口物流枢纽型经济区，以前湾港为依托，逐步建设

和投产运营了各种类型的物流园区,综合分析,这些物流园区大致可分为三类:一是以码头为核心的集装箱拆拼箱场站,主要是为出口客户提供装箱集箱服务和对进口客户提供货物的拆箱分拣、配送服务,硬件方面以硬化场地为主,辅助以部分仓库设施,此类物流园区以码头为核心、距离码头近为优势,所以一般建设成立得都比较早,业务运营模式也相对固定,各个物流园区所服务的客户也相对稳定,运营已经比较成熟,属于纯市场化竞争类别,此类园区后续新建新增的很少;二是以普洛斯、中远、中储等为代表的仓储型物流园区,主要为客户提供仓储服务,硬件方面以仓库设施为主,普洛斯是典型的物流地产商模式,仓库出租给客户使用,业务操作由客户自己组织,中远、中储等仓储型园区为客户提供货代、仓储、分拣和配送等一体化实体物流服务,业务运营也比较成熟,属于纯市场化竞争类别,同质化竞争比较激烈;三是以宝丰物流、交运物流为代表的公路港物流中心,主要是为中小物流企业提供办公、配货的业务场所,提供办公室和配货场地的租赁物业服务,园区提供的服务比较单一,靠租金价格吸引客户。综合各类园区的定位和服务内容来看,上述第二类和第三类物流园区是与山东HS西海岸智慧物流产业园形成竞争关系的园区类型。

3.山东HS西海岸智慧物流产业园产业基础分析

1984年,西海岸经济新区的前身是青岛市经济技术开发区,后经国务院批准成为国家级开发区,是国内批准较早的开发区之一,2014年,国务院批准设立西海岸新区,陆域面积约2 100平方公里,现有人口超150万。西海岸新区经多年发展,具备良好的产业基础,2019年全年实现生产总值3 554亿元,其中2019年工业增加值为1 056亿元,涉及32个工业大类行业,服务业增加值达到2 120亿元,增值为11.21%,成为拉动新区经济的新引擎。2019年全区货物进出口总额为2 117亿元,对外贸易逆势上扬,进出口规模再创新高。

综上,无论是工业企业、服务产业还是贸易产业,都有较好的基数规模、增长速度和发展潜力，为园区运营提供了较好的产业基础条件。

（二）山东HS西海岸智慧物流产业园运营模式分析

基于园区的硬件设施和上述产业基础情况，山东HS西海岸智慧物流园区于2018年2月初正式投产运营。

1.运营模式介绍

园区的开发主体山东HS公司作为国有企业，由于在市场化运行机制方面缺乏一定的灵活性，对装卸、仓储类实体物流业务的操作经验有所欠缺，管理团队薄弱，所以在西海岸智慧物流产业园的运营模式方面沿用了传统的单一租赁模式，即园区自身只向入园客户提供场所租赁和基本的物业服务，收取租赁费和物业费。

2.收入和盈利情况分析

园区的收入来源为租赁费和物业费两种。

在定价方面，公路港板块根据每个配货棚仓库的位置不同，临近园区主路的由于位置相对便利，所以租金定价为0.8元/平方米/天，不临主路处在中间的由于位置相对不够便利，所以租金定价为0.7元/平方米/天，租金均高于其他同类园区（约为0.6元/平方米/天），租金之外另收取1元/平方米/月的物业费，水电费按照实际使用数据缴纳。这样，园区开发主体公司的收入来源就是上述租赁费和物业费，所提供的就是场所租赁服务，与市场同类园区属于同质化竞争，没有差异。公路港板块总收入概算为660万元/年，该收入为毛利润。

大宗商品仓储中心在运营模式方面也是沿用了传统的大众化物流地产租赁模式。在定价方面，仓库租赁价格定为1元/平方米/天，租金远远高于其他同类园区（约为0.8元/平方米/天），租金之外另收取1元/平方米/月的物业费，水电费按照实际使用数据缴纳，这样园区开发主体公司的收入来源仍然是租赁费和物业费。

大宗仓储中心的总收入概算为2 232万元/年,该收入为毛利润。山东HS西海岸智慧物流产业园的实际总投资约5亿元,按照企业自身运营需要,项目内部收益率要达到8%以上。按照上述单一租赁传统模式进行运营,则项目年总营业收入约为2 892万元。目前存在的问题:一是运营绩效离8%的内部收益率目标差距较大;二是项目现金流紧张、难以为继。项目投产后首年,薪酬和管理费用合计现金流出1 500万元,项目贷款资金成本需现金流出1 200万元,上述收入为毛收入,因此项目现金收入难抵支出,很难实现持续发展;三是财务报表亏损额较大,运营成本中除了上述管理费用和资金成本之外,还有项目折旧、摊销费用1 300万元,年度亏损金额约在1 200万元,总体亏损额较大。

3.市场效果分析

在硬件设施方面,山东HS西海岸智慧物流产业园相比原有其他园区的建设标准较高,形象上统一规范,开发主体是国有企业,运营相对稳定,鉴于这些优势,初期的招商过程比较顺利,截至2018年下半年,公路港入驻率达到90%,仓储中心的入驻率也尚可。但由于是单一的租赁运营模式,入园客户只要愿意租赁即可入园,所以入园客户的种类繁多,有加工企业、贸易企业、生产制造企业,也有物流企业,甚至还有危化品运输企业。入驻园区的产品也是五花八门,芝麻、纸浆、零部件、成品家电、橡胶、棉纱等各种产品都有,但产品没有形成规模优势,发挥不了集约化发展效应。客户对园区的依赖度也较低,园区缺乏增值服务项目,客户满意度不高。

(三)山东HS西海岸智慧物流产业园运营模式存在问题分析

运营初期,入驻企业对园区规范化管理还是相对认可的,但是随着其他园区的建成和原有存量园区的改造,加上边际效用递减规律,山东HS西海岸智慧物流产业园硬件方面的优势逐渐变小,价格劣势逐渐凸显,园区租赁运营模式在客户定位、产品规划、盈利能力和企业竞争优势培育等多层面的问题很快显现出来,矛盾日渐突出。

1.客户定位问题

(1)客户行业定位不清晰

山东HS西海岸智慧物流产业园作为综合性的产业园,纯租赁模式以将公路港或仓库迅速出租为目的,园区客户遍及实体物流操作类企业、商贸类企业、配套服务类企业等多种类型,无法对园区客户的行业进行明确划分。从入驻企业的性质来说,生产制造企业、零部件、家电、物流企业、贸易企业、加工企业所处的行业不同,导致每种客户擅长的业务领域不同,入驻园区的产品类别也五花八门,纸浆、橡胶、芝麻、塑料颗粒、汽车零部件、成品家电、家电企业零部件等,种类繁多,纯租赁模式将有租赁需求的全部客户均作为服务对象,但不清楚每类客户对园区可能发挥的贡献和作用。

(2)服务的产品品类不明确

山东HS西海岸智慧物流产业园内存在橡胶、纸浆、塑料颗粒、芝麻、家电、零部件等多种类别的产品,各类产品所需的物流服务量和服务链条不统一。相关联的产业和上下游客户群体不一致,需求方面难以统筹协调,纯租赁模式仅仅是笼统地提供单一的租赁服务,缺乏对产品的市场需求分析,无法明确产品大类。同时,面对繁多的产品类别,园区对各类产品的了解程度在短时间内无法做到全面深入,以致在为客户提供相应服务或开展协商合作方面处于弱势。

因此,纯租赁模式缺乏对客户行业和服务产品品类的明确分析定位,无法为园区的产品设计及盈利模式设计奠定基础。

2.产品定位问题

（1）产品创新缺乏主动性

纯租赁模式下的产品定位为仅向客户提供租赁服务，导致园区在深入了解客户需求和市场信息方面欠缺主观能动性，创新产品、拓展业务种类的能力不足，园区很难从客户需求出发，提供客户迫切需要的增值服务，相关负责人也无法对园区提供的产品和服务进行合理设计规划。

（2）产品创新缺失

纯租赁模式下，园区的租金高低是吸引客户入驻的决定性因素，其他的优势特点被弱化，园区在难以将自身品牌优势、区位优势等有效发挥的同时，办事程序多等方面带来的劣势被放大。这就导致园区无法有效发挥本身优势，缺乏客户满意的服务产品。

3.盈利能力问题

（1）利润来源少

由于采用了单一的租赁模式组织运营，所以园区只有租赁费和物业费两项收入和利润来源，再没有其他利润来源，故园区的利润来源少、且过于单一。

（2）运营利润率低

西海岸新区当地物流行业已发展多年，各园区公路港、仓库租赁价格日趋透明，周边区域一般仓库租金为0.7～0.8元/平方/天，公路港租金在0.6元/平方/天，整体竞争压力较大，通过提升租金扩大营业收入的想法不具备可行性，项目无法依靠价格形成大规模收入和利润。与此同时，园区开发主体在设计、施工、建材、人工、运营管理等各方面的成本相对偏高，运营利润率相对偏低，按照总投资为5亿元，年毛利润为2 892万元（租赁费收入）计算，粗略计算年利润投资比为5.8%，无法满足投资回报率的要求，更无法形成长期、可持续的稳定竞争力。

（3）盈利稳定性较差

纯租赁模式下，园区除了租金和物业费之外，未有其他收入作为补充，营收方式过于单一，极易受到客户运营情况变化、市场行情、政策变化等因素的影响，导致盈利水平不稳定。例如，在纯租赁模式下，客户每次缴纳租金总金额不高，毁约成本低，一旦出现租金更低、其他条件尚可的园区，客户极易流失，营业收入将出现明显下滑。2020年在新冠肺炎疫情期间，园区对入驻企业实行免租政策后，对山东HS公司自身的运营产生了较大影响。

4.竞争力问题

当前项目收入主要依赖仓库租赁业务，仍未形成成型的、可持续的、利润率较高的运营模式，不具备核心竞争优势，在同类竞争者中不具备差异化竞争优势。

（1）不存在差异化竞争优势

租赁服务是所有物流园区所具备的最基本的服务，几乎只有价格这一种竞争手段，此模式下园区的资源整合力度与利用程度较弱。尽管物流园区作为物流资源流动过程中重要的枢纽节点，聚集了大量仓储、运输、装卸、分拨等物流业务资源，但纯租赁的运营模式无法将上述资源进行充分的整理和利用，各板块间业务关联程度低，无法实现相互促进、共赢发展的局面。因此，在同类竞争者中无法形成差异化的竞争优势，难以长久。

（2）无法及时顺应市场变动做出相应调整

园区纯租赁业务模式仅在仓库租赁、物业管理等基础服务层面和入驻客户有接触，无法参与入驻企业日常生产运营过程中的各个环节，同时，在纯租赁模式下，园区仅以快速出租各类场所为目的，导致园区在深入了解客户需求和市场信息方面欠缺主观能动性，拓展业务的能力不足。园区很难实时获取市场信息，在市场发生重大变动时，无法及时分析预判和顺应市场变化形势，以致难以为客户和园区本身的发展提供有效引导。

综合上述，山东HS西海岸智慧物流产业园单一租赁运营模式的客户定位不清、产品创新缺失、盈利能力弱、差异化竞争优势不足，无法满足园区和公司的发展需求，也无法实现园区的投资价值，由此可见，租赁的运营模式急需转变。

（四）山东HS西海岸智慧物流产业园运营模式问题成因分析

1.机制体制方面的原因

（1）市场化程度低

在体制和管理机制方面，山东HS公司沿用国有企业的机制体制，与其他主营业务为物流产业的央企等国有企业相比，公司的市场化程度低，与西海岸新区当地成熟的民营物流企业相比，市场化程度更低。因此，园区在运营模式明确客户定位、提升盈利能力、培育差异化竞争优势等方面相对而言没有快速敏感的反应，难以适应市场发展。

（2）产品创新主动性差

山东HS公司沿用国企的机制和管理体制，公司在主动调研客户需求方面缺乏主动性，多满足于现状，也缺乏市场经验，根据需求创新开发服务产品方面的主动性差。

2.优势发挥不足的原因

（1）自身优势认识不足

国有企业在体制机制的市场化方面有所欠缺，但国有企业自身在资金、品牌、信誉、资质、资源整合、平台建设等方面也有得天独厚的优势，尤其是开发主体的母公司山东HS集团在省内有很高的社会认同度，山东HS西海岸智慧物流园在打造运营模式时未能充分认识和分析清楚自身具备的优势资源，因而既不能进行有效的产品创新，也不能有效打造差异化竞争优势。

（2）未利用好自身优势

山东HS公司由于对自身优势认识不足，因此在运营园区时未能充分利用自身的优势。租赁的运营模式本身也没有空间充分发挥出企业自身的优势，HS公司也没有有效整合园区内部和外部的社会资源，没有进行有效的产品创新。

3.平台效应发挥不足的原因

物流园区里聚集着大量的物流要素和上下游资源，是一个很好的运营平台，仅公路港中心就集聚了近60家物流企业，大宗商品仓储中心则集聚着十几家贸易企业，平均每天进出园区的货车吞吐量在4 000次，园区内的物流和贸易企业所服务的上下游相关的制造企业、物流和贸易服务企业超过200家。然而，租赁的运营模式提供的是出租和物业服务，未通过具体服务参与到客户的链条和流程中去，园区不能发挥平台效应，不能实现资源整合发展，园区的盈利能力自然受到很大的限制。

4.市场把握不明确的原因

（1）外部产业基础不清晰

公司和园区对所处经济区域的外部产业基础情况未调研清楚，不了解其所在区域的产业分布、企业布局、发展趋势，所以无法明确运营模式中的客户定位，而单纯采用租赁的运营模式。

（2）市场需求不明确

由于缺乏客户定位，对市场客户、目标客户、所服务大类产品的现实需求和潜在需求均不明确，所以无法有针对性地进行产品创新，无法创新盈利来源、增加盈利规模。

三、山东HS西海岸智慧物流产业园运营模式优化

在此，笔者对山东HS西海岸智慧物流产业园运营模式优化的目标、原则、主要决定因素进行分析，希望对明确管理模式优化方案有所助益。

（一）运营模式优化目标

1.明确客户定位

在租赁管理模式下，山东HS西海岸智慧物流产业园虽然也入驻了很多客户，但客户的种类繁多，企业性质、从事产业、产品大类等比较杂乱，定位不清楚，所以需要通过优化来明确客户定位：一方面明确哪些类别的客户和产品适合入驻园区；另一方面也明确入驻园区的各类企业在功能上如何互补和共同发展，明确客户与客户之间、园区公司和客户之间各自扮演什么样的角色。

2.创新服务产品

园区本身并不能产生利润回报，必须通过相应的产品来为客户提供优质服务才能产生利润回报，因此，优化的目的之一就是实现运营模式的服务产品创新。

3.提高客户服务满意度和依赖度

明确客户定位和打造服务产品的目的就是有针对性地为客户提供优质服务，进而提高客户服务满意度和依赖度，实现可持续的合作和盈利。

4.提高园区盈利能力

企业投资物流园区是为了获得利润，因此，运营模式优化的主要目的就是为了提高园区的盈利能力，拓展盈利来源，扩大盈利规模，提高投资回报率。

5.打造差异化竞争优势

企业如果要实现长久可持续盈利，提高客户忠诚度，就必须通过打造差异

化的竞争优势来实现高质量、可持续发展，因此，运营模式优化目标还包括打造园区的差异化竞争优势。

（二）运营模式优化原则

1.市场需求导向原则

物流园区的运营属于市场化竞争行为，园区主体依靠产品和服务来获取客户、赢得利润，提高客户服务满意度和依赖度也是模式优化的目的之一。因此，在进行模式优化时，始终遵循客户需求导向原则，一切优化设计都围绕客户需求。

2.扬长避短原则

任何一个公司都有优势和不足，企业要想在激烈的市场竞争中立于不败之地，必须有效发挥自身优势，合理规避自身劣势。因此，在优化山东HS西海岸智慧产业园的运营模式过程中，应充分分析、尽量发挥山东HS公司和智慧园区本身所具有的优势，合理规避企业和园区存在的不足，遵循扬长避短原则。

3.为客户创造价值原则

无论是有形产品还是无形服务，企业要想获得客户认可和可持续合作，要么满足客户的生活消费需求，要么为客户降低成本，要么为客户提高效率，要么为客户带来价值提升，我们把这些统称为为客户创造价值。在运营模式优化过程中，应遵循为客户创造价值、实现与客户双赢的原则。

4.创造社会效益原则

企业通过运营创造利润的同时，也应承担一定的社会责任。山东HS公司作为国有企业，也应义不容辞承担一定的社会责任，创造社会效益，因此，应遵循创造社会效益的原则。

（三）运营模式优化的主要决定因素

分析企业运营模式优化的主要决定因素包括企业自身资源条件、企业所处的宏观环境和政府的政策导向、企业自身发展需求等方面的内容。在此，笔者针对山东HS西海岸智慧物流产业园特点，对运营模式优化的主要决定因素进行充分分析，以更有针对性地进行运营模式优化方案的设计。

1.企业自身资源禀赋和条件分析

（1）山东HS公司所具备的资源禀赋条件分析

首先，品牌价值突出。山东HS公司在全国，尤其在山东省内具有很高的品牌知名度，在政府和社会上有很高的影响力和公信力。品牌企业的优势作用主要体现以下四个方面：一是品牌企业在吸引政府和社会大众的投资方面处于优先级，在投资强度、发展可持续性、社会资源整合力度等方面具有较高期望值；二是品牌企业易获得金融机构授信，与金融机构开展合作的机会多；三是品牌企业信誉度高，合作伙伴对品牌企业的认可和信任程度比较高，在同样的情况下，会优先与品牌企业进行合作；四是品牌具备溢价能力，相同的产品条件，品牌企业可以定价更高，从而有更高的利润率。

其次，资金信誉良好。优化运营模式、开拓业务运营离不开大量的资金投入作为强有力的支撑。山东HS公司在自身资金链方面具备良好的内外循环机制，年度营业收入、利润总额始终保持在省属企业第一梯队，其下属各个分子公司资金循环和对外合作口碑极佳。同时，与金融及相关行业企业合作较为深入，在获取金融支持方面较为便利，可以为自身融资和建设金融服务平台提供强有力的支撑。

再次，园区区位交通优势明显。山东HS西海岸智慧物流产业园区位优势明显，毗邻前湾港码头作业区和保税港区，与两者距离均为7公里左右，具备良好的进出口交通条件。

最后，园区功能定位互补。山东HS西海岸智慧物流园本身的功能定位有公路港物流中心和大宗商品仓储中心两大主要业务板块，从物流产业"车""货"两大主要要素的角度来看，两者正好可以实现功能互补，通过信息整合、对接，把资源整合利用好以后，可以在很大程度上实现相互促进和拉动发展。

此外，进口橡胶、纸浆、塑料颗粒、芝麻等货物需要基础物流和金融贸易服务，园区在开发和运营进口橡胶等大宗商品的相关物流和金融业务方面具备良好的区位优势条件。港口周边集中了大量的中小型物流和贸易企业，这些企业在运营模式、运营范围和服务需求等方面共性较大，可以有效推进平台整合的建设发展。山东HS西海岸智慧物流产业园交通优势突出，距离高速口约2公里，是货运进出西海岸经济新区的必经之地，公海联运货物集散功能优势明显，具备开展物流相关业务的良好交通条件。山东HS西海岸智慧物流产业园距离在建地铁站约300米，距离在建海底隧道口约5公里，属于优质资产，自身具备巨大的增值潜力，为申请期货交割库和建设综合金融服务平台等增值服务功能奠定了良好基础。

（2）山东HS公司存在的不足分析

首先，园区运营潜力挖掘不足。园区建成投产运营后，公路港和大宗仓储中心均简单租赁运营，未向客户提供其他延伸增值服务，与其他同业园区相比没有差异化运营优势。

园区虽然有超50家物流企业入驻，但信息化体系建设基础薄弱，车辆信息、货物信息、园区内停车、超市、宾馆等相关消费信息均不对称、不匹配，难以实现整合发展，难以为业务创新合作提供相关基础支持。

其次，高标准管理缺乏灵活性。由于山东HS公司为国有性质企业，管理方面相对制度化和规范化，尤其在安全管理方面，如加强违规"三合一"的管理，禁止在办公配货场所住宿等，对公路港板块产生了较大影响。中小物流企业原来在其他地方租赁运营的，一般是办公、配货、住宿一体化，以节省成本，但在加强管理之后，物流企业需要另外解决食宿问题，这在无形当中增加了中小物流企业的运营成本，增加了客户不满和抱怨。

最后，运营管理成本偏高。山东HS公司作为国有企业，在人力资源成本、建筑工程成本、维修保养成本等方面高于一般的民营企业，从而导致园区自身运营管理成本偏高，降低了园区的盈利能力，弱化了自身的市场化竞争优势。

2.企业宏观环境和政府政策导向分析

（1）货源种类数量充足

山东HS西海岸智慧物流园区毗邻青岛港的前湾港港区，前湾港主要为集装箱作业码头，是大陆最大的集装箱中转港和冷藏箱进出口港，2019年码头吞吐量超过2 100万标准箱（90%以上为前湾港作业），其中件杂货的吞吐量超过4 000万吨。

2020年前三季度，青岛港货物吞吐量达4.8亿吨，位居全国第三；集装箱吞吐量为1 695万标准箱（90%以上为前湾港作业），位居全国第五。无论是进口的大宗商品还是出口产品，海运集装箱的货物基本都需要拆装箱、装卸、存储、汽运等实体物流服务，因此港口周边腹地有物流需求的货源较多，这为园区优化运营模式，拓展运营范围提供了很好的机遇。

（2）中小企业集群发展，便于需求的统筹整合

以港口码头为依托，黄岛新区集聚着各类物流企业超过2 800家，中小贸易企业超过9 000家，这些企业分散运营，各有自己的业务群体和运营模式。虽然各自在发展过程中均面临着很多共性或个性化的问题，但缺乏统筹，难以单靠自身实力持续保持营收增长势头。

例如，很多贸易企业有稳定业务渠道，但常常因资金不充裕，使得业务规模的良性拓展受到阻碍；大部分物流企业需要购买车辆和货物保险，投保规模不大，无法通过压低保险金额科学降低运营成本。如果园区开发主体企业能将中小物流和贸易企业的共性问题给予解决，则可以实现双赢。因此，这些共性问题的存在为园区统筹运营和集约化发展提供了发展机遇。

（3）政府政策导向支持

西海岸新区作为港口物流枢纽经济功能区，物流企业和物流车辆云集，但是分布散乱，呈现出"小、散、乱、差"的局面，更有很多物流企业的业务操作在新区开展，但注册地和营业收入、税收等未体现在新区而流入外地，因此政府一直想通过某种方式进行整合，不仅要实现中小物流和贸易企业在物理分布功能上的集约发展，关键是要实现业务数据的整合、实质性业务运营层面的整合共赢和转型升级发展，将业务收入和税收留在当地，做大做强本土的业务规模。

山东HS公司与地方政府一直保持着良好的投资合作和交流，在政府政策支持方面有突出优势，山东HS公司优化运营模式的最终目标与政府期望一致，因此地方政府对运营模式优化尤其是政策平台的建设大力支持。

3.市场物流需求分析

从新区经济发展特点和产业需求来看，物流园区所服务的货物主要是进口的大宗商品，包括橡胶、棉纱、纸浆、塑料颗粒、芝麻等，木材也是前湾港码头进口量较大的品类，但是木材的拆箱和存储需要占用大量的土地为保障前提，且随着经济和业务发展，码头周边的土地价值飘升较快，难以在码头附近提供大片土地为进口木材提供物流服务，因此该品类相对特殊，不列在前湾港大宗商品物流服务所需的物流园区类别分析范围之内。

前湾港进口的橡胶产品一年总量在200万吨左右，静态存储量一般在50万吨左右，而目前码头周边的仓库可存储量一般在40万吨，尚有约10万吨的库存需要到离码头较远的胶州开发区等地方寻求仓库进行存储，可见有一定的仓库需求空间。

棉纱的存储由于存在一定的消防安全管理隐患，所以大部分仓库不接收该类货物，该类货物也不应作为山东HS西海岸智慧物流园定位的货物品类。

港口纸浆的年进口量和实际提供服务的仓储面积基本平衡，没有太大的缺口和富余。

塑料颗粒的年进口量约为350万吨，2018年芝麻的年进口量约为80万吨，占中国芝麻年进口总量的60%以上，但是塑料颗粒和芝麻的物流服务费用相对橡胶而言较低。

综上来看，市场需求因素为山东HS西海岸智慧物流产业园明确服务品类提供了依据，将服务需求的品类定位为进口橡胶为主、纸浆和塑料颗粒等为辅比较适宜。

4.企业自身发展需求分析

（1）市场竞争激烈

在大宗商品仓储服务方面，第二类和第三类物流园区是山东HS西海岸智慧物流园区的主要竞争对手，其中的中远、中储、中外运、招商局等同属于国有性质的物流园区，建成投产的时间要早于山东HS西海岸智慧物流园十几年，在服务产品打造、市场开拓能力、客户资源积累、品牌塑造、运营服务能力等方面优势明显，已经具有良好的市场口碑，这使得其他企业参与橡胶产品物流市场难度极大。

此外，西海岸新区中小型民营物流园区数量众多，因民营物流园区建设成本远低于国企物流园区，物流服务价格方面相对低廉，同时，民营企业在市场开发方面灵活性极强，市场行情反应迅速，吸引了市场上大部分塑料颗粒和芝麻等粮食类的客户群体。

而在公路港物流服务方面，同样面临着民营性质物流园的竞争，宝丰等公路港园区建成时间早，运营经验丰富，租赁服务价格低，对中小物流企业有较大的吸引力。

如今，物流园区竞争已进入白热化阶段，市场新入者如果没有差异化的竞争优势则很难立足，更难以在短期内有较大的市场突破。如何打造园区差异化竞争优势，是园区开发主体企业开展运营模式优化设计的重点。

（2）盈利需求增强

山东HS西海岸智慧物流园投产后，一直按照传统的租赁运营模式组织运营，园区年营业收入、利润规模与投资总额的比例远远达不到投资回报率要求，年度生产运营亏损额较大。

近年来，山东HS公司坚持高质量发展要求，对各项目的盈利状况考核越来越严格，山东HS西海岸智慧物流园单靠纯租赁运营模式已难以达到山东HS公司制定的生产运营指标，甚至与生产运营指标相去甚远，项目面临着很大的生存威胁。

为摆脱这一困境，山东HS西海岸智慧物流园必须抓准市场和客户实际需求，突出自身优势，选择正确发展角度和方向，通过优化运营模式提升园区盈利能力。

（四）运营模式优化方案

1.方案设计

综合前述分析情况，现对山东HS西海岸智慧物流产业园的运营模式进行优化设计，优化方案设计为：资产和业务运营双轮驱动模式，资产运营层面发挥园区优质资产的优势，采用增资扩股等方式引进新股东，调整企业机制和管理体制，注入流动资金，增加项目活力和提升发展空间，在业务运营层面发挥国有企业的优势，将园区打造成为综合性、平台型、智慧化物流园区，致力于打造中小物流和贸易企业成长孵化的支持平台。

2.资产运营层面

物流园区属于重资产类投资项目，特点是前期投资规模较大，回报周期较长，但土地和相关固定资产具备潜在升值价值，尤其是地理区位和交通等方面优势明显的物流园区，随着经济和社会快速发展，土地增值价值日益凸显，长期投资的价值更大。但如果不探讨采用科学方式提高园区资产运营水平和质量，那么不仅无法发挥优质资产优势，造成资源优势浪费，还会承担巨大的负担和压力。

目前，采用资产运营的方式盘活资产的物流园区不在少数。例如，投资行业世界巨头普洛斯借助于境外资金成本低、融资方式灵活的优点，在有发展潜力的地段投资建设物流园区，建成运营平稳后便转交基金相关资本进行资产运营，转身开发其他新的园区，以实现迅速扩张的目的。国内建设物流园区，由于融资方式相对单调，融资方式一般为项目贷款，融资成本相对偏高，普通的物流园区投资商在没有国外资金投资的背景下一般很难成功实现高质量的园区资产运营，近几年大家也都在尝试通过资产证券化等各种物流园区的资产运营模式进行突破，比较有代表性的有国资背景的宝湾物流控股（深圳）有限公司，成立之初也是采用自有资金和贷款模式持续扩张，至目前在34个经济发达城市或物流枢纽城市布局了63个高端物流园区，但其后续继续扩张也感受到了巨大压力，因此也尝试通过基金等方式实现资产运营突破，确保可持续发展。

山东HS西海岸智慧物流园作为国有性质企业开发和持有运营的优质资产项目，具备采用资产运营方式盘活资产的条件和内部迫切需求：从资产规模的折旧成本负担来看，项目总资产折旧摊销至每年的成本约为1 300万元，另外还有资金成本约1 200万元，这给项目运营层面带来很大的成本压力。从项目自有资金情况来看，项目资金来源为集团股东注资，而注资的金额规模1.6亿元，主要用于购置土地和缴纳相关的配套费用、政府税费，建设资金和业务运营资金均需项目公司自身解决，建设资金主要来自银行的项目贷款，急缺业务运营资金和日常管理费用资金。

目前国内物流园区类重资产项目的资产运营存在多种方式，每种方式都需要项目和项目主体开发企业具备一定的条件方可施行。鉴于山东HS西海岸智慧物流园运营现金流相对紧张、业务模式也需要开拓创新的实际情况，笔者在综合分析后，认为应将资产运营方式设定为增资扩股引进战略投资者，主要可以解决以下问题：

一是通过资产评估体现出资产溢价的价值，盘活优质资产，以增资扩股的方式，给项目直接注入运营资本金，输血补充业务和管理急需的资金，便于在园区运营的基础上，开拓其他市场化业务，延伸金融等增值服务，助推打造平台型物流园区，增加园区盈利来源，支撑解决运营模式四大要素中的盈利能力问题。

二是战略投资者若有互补性的优质资源引入，则更有利于园区业务的拓展和盈利能力的提升，可直接支撑解决园区盈利能力问题。园区合作者主要有两大类：一类是大型生产制造和贸易企业，此类合作者能同步引入物流园区所需的货源，带动公路港和仓储中心两大板块共同发展，同时由于其自身销售业务的网络需求还可以带动物流园区的网络向外布局扩张，促进园区规模扩张发展；一类是大型物流企业，此类合作者有现成的运营团队和业务产品、服务模式，亦能延伸园区业务的服务链条，直接带动园区业务模式的优化，加速园区发展。

3.业务运营层面

业务运营层面，山东HS西海岸智慧物流园在充分发挥自身优势，满足和解决园区企业各类问题的前提下，应有效规避自身灵活性不足等弊端，打造综合性、平台型、智慧化物流园区，建设中小物流和贸易企业成长孵化平台。

（1）打造综合性园区

首先，完善综合配套服务。园区应满足公路港物流中心和大宗商品仓储中心两个板块所入驻企业的综合需求，将两个板块打造成满足物流企业和贸易企业综合需求的社会子系统。具体来说，公路港板块除了能够提供单一的配货场所租赁服务外，还可以增加住宿、餐饮、商超、停车、加油、汽修等物流公司有需求的配套服务功能，甚至像公司注册、特许资质证件办理等业务，只要与物流企业相关联，物流企业有需求的服务，园区都可以提供。所增加的大部分服务内容都可以成为智慧物流园新增的收入来源。

其次，统筹车货信息，打造综合性业务服务园。园区应充分结合公路港物流中心和大宗商品仓储中心物流功能的互补性，打造车货匹配的综合性园区。公路物流的两个主要要素就是车和货，公路港物流中心板块的资源是物流里"车"的范畴，大宗商品仓储中心板块的资源是物流里"货"的范畴，"车"可以降低"货"的运输成本、提高"货"的运输效率，"货"可以加快"车"的配货周转效率、降低"车"的运营成本，将园区公司的信息统筹作为综合服务平台，可以使园区内40%的车与货实现有效匹配，并且园区公司可以把园区内两个板块已有的存量车、货资源作为打造面向社会化业务平台的依托，逐步向园区外的车、货扩展延伸，提供增值服务，这样就可以大大增加业务量，拓宽收入来源。

综合性模式特点的方向和原则是：物流企业和贸易企业只要入驻园区，便可以集中精力发挥自己在业务方面的优势，专心发展自己的核心竞争力，其他相关的配套服务全部由园区来辅助完成，并且服务的性价比合适，不额外增加入驻企业的运营成本。

（2）打造平台型园区

山东HS西海岸智慧物流园在对自身条件充分分析的基础上，应充分调研园区内所有物流企业和贸易企业两类客户群体在各自发展过程中所遇到的共性问题，经过详细分析和洽谈，运用自身优势解决客户群体的共性问题。

为解决共性问题，山东HS西海岸智慧物流园可初步搭建三个平台：综合金融服务平台、综合保险服务平台和政府政策扶持平台，主要解决运营模式中的产品规划设计问题和盈利能力、核心竞争力问题。

一是综合金融服务平台。运用园区公司自身的资金、信誉和品牌优势，盘活自己和社会金融机构的金融资源，解决物流和贸易企业的资金和融资问题。入驻园区的企业一般有多年的业务积累，有自己稳定的业务渠道，物流企业往往需要垫付运费等物流服务费用，贸易企业需要授信或者利用流动资金，增加议价能力，如果能在金融资源方面合理适度地扩大杠杆，就可以帮助企业做大规模、做强利润，增加盈利来源和盈利规模，解决运营模式中的盈利能力问题。

首先，按照上述设计的增资扩股方式实现资产运营模式优化，引进新股东完成注资后，山东HS公司本身就会有足够的现金和银行授信额度可以帮助客户群体有效解决其上述金融需求。第二，由于货物本身由山东HS公司提供全程物流服务，所以也可以通过山东HS公司作为货权管控平台，在全程控住货权的信誉承诺下，由社会金融机构给予流动贷款或者授信解决企业客户群体的金融需求。第三，随着金融供需双方信任匹配的需要，近几年发展起一批供应链金融信息技术平台企业和产品，像京东和中储合作开发的"货兑宝"产品等，均是将信息技术应用于物流货物和车辆的管理过程，相当于在原来国有企业管控货权优良信誉的基础上，通过信息技术为货权管控增加了一重保障。山东HS公司也可以进行优化，在通过自身管理有效管控住货权的前提下，建立或者引进相关技术平台，由金融机构给予企业客户融资授信，帮助客户解决融资问题。这个模式成功运营后，山东HS公司还可以采取输出管理的方式，将团队和管理直接输出到外部租赁仓库后同样从上述三个角度叠加综合金融服务，未来可以大大增加山东HS公司的收入和利润，提高市场占有率。

二是综合保险服务平台。整合园区里所有企业购买保险的共同需求，打包后与保险公司统一谈判，形成保险竞价机制，提供保险集采的平台服务。

入驻园区的物流企业需要各自单独购买各种与车辆和货物运输相关的险种，贸易企业需要各自单独购买各种与货物运输和仓储相关的险种。园区公司作为整合平台，可以将所有企业的需求统一整合后，与中国人保、大地保险等多家公司洽谈签约，每次集采时采取公平竞价的方式选择最优合作方，既可降低每家企业的保险成本，也可以提高服务质量，同时也给园区公司增加了收益。

综合保险服务平台类似美团集采，也具备明显的规模优势，不仅可以为园区里的客户提供服务，也可以此为依托，逐步为其他社会化物流、贸易、仓储企业提供服务，平台的扩展空间和发展潜力较大。

三是政府政策扶持平台。国有企业投资除了考虑经济效益外，还要兼顾社会责任和政府责任，智慧物流园项目也不例外。当地政府的关键需求点是吸引区外企业到新区注册落户，因此通过制度设立将园区招商与政府招商引资两项需求相结合，搭建政府政策扶持平台。可以参照有些地区的做法，与当地政府沟通洽谈，将园区作为中小物流和贸易企业孵化的平台，按照所孵化的企业纳税给地方贡献的金额进行奖励，奖励的资金可以由园区主体公司进行分配，作为一部分利润来源。例如，将智慧物流产业园作为物流和贸易类新增注册企业的孵化平台，两年内在园区内注册落户的新企业，各企业合计纳税的地方留成部分累计达到100万、500万和1 000万三个台阶，地方政府将其留成部分分别拿出50%、60%和70%的比例对园区主体山东HS公司进行奖励，山东HS公司具有再分配的决定权，可根据实际情况分别奖励给新注册企业，这一举措可以借助于政府招商引资的政策助力园区的招商，实现园区主体、政府和新注册企业三方共赢。

通过平台型模式方向主要解决运营模式中的产品规划设计问题，针对客户需求设计平台型服务产品，可以不断拓展盈利来源，所以同时可支撑解决园区盈利能力和差异化竞争力的培育问题。

（3）打造智慧化园区

经过市场调研，充分分析客户情况、竞争对手情况和市场实际需求，将智慧化作为优化运营模式特点之一，对此，可以从园区管理可视化、业务操作智能化、信息资源大数据化和交易平台化四个方面构建，主要解决运营模式中的竞争力培育和盈利能力问题。

首先，园区管理可视化。借助于互联网和摄像头，实时传输现场管理情况，实现园区可视化管理无盲点。静态存储情况、动态作业情况、停车状态、费用管理、物业管理情况等全部通过互联网系统和技术，实现监控室、手机终端和电脑端的实时管理。客户获得查看端口和权限后，只要登录山东HS公司的微信公众号即可随时随地查看自己公司车辆、货物以及作业的情况，让客户更便捷更放心，从而提高客户满意度。

其次，业务操作智能化。有针对性地选取标准化程度较高、周转频次较快的货物，逐步实现装卸和仓储管理的智能化无人操作，提高管理和作业效率，降低作业成本。

随着社会和经济发展，物流操作层面的人力资源日趋紧缺，人力成本越来越高，智能化无人作业已成为必然趋势。作为国有企业，人力资源管理成本本来就相对偏高，相比同类园区，尤其民营企业性质的园区，其人力资源管理成本成为劣势。在这种情况下，优先考虑实现智能化无人操作。经过初步探讨，一是可通过信息化手段实现橡胶产品的出入库无线扫描和数据自动传输管理，实现库存系统的自动无纸化管理，二是在橡胶的装卸操作环节，可采用自动化叉车装卸作业的方案，实现业务操作的智能化。

再次，信息资源大数据化。从园区可持续发展的角度考虑，要遵循数据为王的原则，把车、货相关的信息通过信息化系统和互联网对接，建立数据平台，以公路港板块中物流企业的车辆信息为依托，整合其他社会车辆资源信息和高速公路ETC相关货车车辆信息资源，尝试搭建车辆资源平台和车货匹配资源平台。

再次，信息资源大数据化。其主要目的是在于建立起橡胶作为主品种的大宗商品的库存和价格数据库。鉴于临港和西海岸新区物流市场的实际情况，根据市场需求情况，园区大宗商品仓储中心板块定位主要服务的货物品种为进口橡胶，打造集橡胶普通仓储、保税仓储和期货交割库于一体的橡胶综合服务园区。按照业务计划，大宗商品仓储中心可静态存储橡胶7万吨，加上将来通过输出管理租赁其他社会仓库预计管理的橡胶总库存约在15万吨，有望占前湾港周边地区静态总存量的三分之一以上，可借势建立起进口橡胶的库存和价格数据库，为第四阶段建设交易平台奠定基础。

最后，交易平台化。重点打造进口橡胶交易平台。在可视化管理的基础上，运用综合金融服务平台，有效叠加供应链金融服务，打通进口橡胶贸易的上下游资源通道，园区里既有现货存储，可随时看货，又有第三阶段建立起来的橡胶品类的大数据平台做支撑，因此，完全具备条件逐步搭建起进口橡胶的交易平台。开发主体山东HS公司作为国有企业，通过前述自身条件的分析可见，在建设交易平台时，品牌和信誉保障可有效支撑交易平台的建设，同时交易平台也作为园区核心竞争力和盈利来源的一个方面。

综合性、平台型和智慧化是山东HS西海岸智慧物流园运营模式的特点，旨在建立起区别于周边其他同类园区的差异化竞争优势，提高客户的满意度，提升园区的盈利能力。

实际上，上述资产运营和业务运营双轮驱动模式是充分发挥开发主体作为国有企业性质的各方面优势而综合研究优化的，因此，该模式可以为国有性质类别的企业开发物流园区的运营模式提供借鉴意义。在具体落地实施时企业可以根据项目实际情况进行微调。

例如，资产运营模式在项目公司自有运营资金不足时，可以采用增资扩股方式；如果自有资金充足，那么也可以采用股权转让方式，将资产增值溢价部分作为股东股权转让之后的利润。其共同目的就是把物流园区优质资产的优势盘活，体现出增值价值。鉴于国有企业大都具备品牌、资金和信誉等方面的先天优势，故业务运营层面的综合性、平台型和智慧化模式特点也可以复制借鉴，开发主体企业可结合自身差异化的优势组织实施落地。

参 考 文 献

[1] 樊重俊，刘臣，霍良安. 大数据分析与应用[M]. 上海：立信会计出版社，
    2016. 01.

[2] 高功步. 电子商务概论 第2版[M]. 北京：机械工业出版社，2018. 03.

[3] 高见，高明. 新时代物流管理与发展研究[M]. 中国原子能出版社，
    2019. 03.

[4] 寇长华，王凤宏，杨锦. 大数据与连锁经营管理[M]. 北京：科学出版社，
    2016. 01.

[5] 寇长华. 大数据与采购安全管理[M]. 北京：科学出版社，2016. 01.

[6] 李佳. 基于大数据云计算的智慧物流模式重构[J]. 中国流通经济，2019
    （2）：20-29.

[7] 李伟超. 空港实验区信息服务平台建设研究[M]. 北京：社会科学文献出版
    社，2017. 05.

[8] 南熙. 智慧物流在互联网时代的发展研究[M]. 延吉：延边大学出版社，
    2019. 09.

[9] 施先亮. 智慧物流与现代供应链[M]. 北京：机械工业出版社，2020. 04.

[10] 石荣丽. 基于大数据的智慧物流园区信息平台建设[J]. 企业经济，2016
    （32）：240.

[11] 田雪，司维鹏，刘莹莹. 大数据在物流企业中的应用[J]. 电子商务，2015
    （1）：36-37.

[12] 王喜富，高泽，申金升. 智慧物流物联化关键技术[M].北京：电子工业出版社，2016.03.

[13] 王喜富，纪寿文，秦璐，等. 全国高等学校自动化专业系列教材 现代物流技术[M].北京：清华大学出版社，2016.10.

[14] 王喜富，苏树平，秦予阳. 物联网与现代物流[M].北京：电子工业出版社，2013.01.

[15] 王喜富. 大数据与智慧物流[M].北京交通大学出版社，2015.12.

[16] 王喜富. 物联网与智能物流[M].北京：清华大学出版社；北京：北京交通大学出版社，2014.01.

[17] 魏学将，王猛，张庆英. 智慧物流概论[M].北京：机械工业出版社，2020.01.

[18] 吴宇. 大数据驱动物流企业价值创造机理[J].物流工程与管理，2017.（9）：25-26.

[19] 易海燕，周精托，李芏巍，等. 智能化配送末端的智能快递柜使用现状调研及满意度影响因素研究[J].供应链管理，2020（8）：108-121.

[20] 周敏. 详论大数据时代连锁经营的管理模式与技术[M].长春：东北师范大学出版社，2018.01.